Friederike Helene Unger

Der adelsüchtige Bürger; eine Pose mit Tanz untermischt nach dem Moliere

Friederike Helene Unger

Der adelsüchtige Bürger; eine Pose mit Tanz untermischt nach dem Moliere

ISBN/EAN: 9783743640849

Hergestellt in Europa, USA, Kanada, Australien, Japan

Cover: Foto ©Andreas Hilbeck / pixelio.de

Weitere Bücher finden Sie auf **www.hansebooks.com**

Der adelsüchtige Bürger.

Eine Posse.
Mit Tanz untermischt.

Nach dem Moliere.

Der mag sich kratzen, den es juckt; wir haben eine glatte Haut.
Hamlet.

Berlin, 1788.
bey Johann Friedrich Unger.

Der adelsüchtige Bürger.

Eine Posse.

Personen:

Herr Schulz. Ein Kaufmann.
Madame Schulz. Seine Frau.
Henriette. Seine Tochter.
Baroneffe von Lindenfels.
Baron von Funkenburg.
Birkenthal. Ein junger Bankier.
Dorothee. Hausmädchen bei Madame Schulz.
Johann. Birkenthals Bedienter.
Ein Muſikmeiſter.
Ein Tanzmeiſter.
Profeſſor Schmidteſius.
Ein Schneider.
Ein Schneiderburſche.
Zwei Bediente.

Erster Aufzug.

Erster Auftritt.

Der Musikmeister. Der Tanzmeister.

Tanzmeister.
Sie haben vermuthlich auch hier Geschäfte bei dem Herrn vom Hause?

Musikmeister. Ich habe ein Singspiel für ihn componirt; er will es auf den Geburtstag einer gewissen vornehmen Dame aufführen lassen.

Tanzmeister. Ah wahrscheinlich das nehmliche, wozu ich die Tänze hier bringe.

Musikmeister. Gestehen Sie, daß wir an diesem Mann einen wahren Phönix gefunden haben. Ich wünschte, die ganze Welt würde von seiner Narrheit angestekt.

Tanzmeister. Hierin bin ich nicht Ihrer Meinung. Ich arbeite für die Ehre, und halte es für die größte Schmach, seine Kunst dem Lobe oder Tadel eines Idioten aussetzen zu müssen.

Musikmeister. Je nun, Kenner ist unser ehrlicher Schulz nun wohl nicht. Indeß behagt uns beiden, denk ich, sein das ist schnurrig, und — seine schönen geränderten besser, als das wichtige Kopfnikken der empfindsamen Genies. Die Leute bilden sich ja ein, der Künstler könne von ihren Bravo's und Händeklatschen mit Weib und Kind ganz gemächlich leben.

Tanzmeister. Still! da kommt unser Mann!

Zweiter Auftritt.

Hr. Schulz [in einer zierlichen Morgenkleidung.]
Zwei Bediente. Die Vorigen.

Schulz.

Diener Ihr Herren, Diener. Nun, bringen Sie mir schon was von Ihren Schnikschnakkereien?

Tanzmeister. Mein Herr! — Was nennen Sie so, wenn ich fragen darf?

Schulz. Je nun! Was weiß ich gleich, wie Ihr Leute das nennt. Ein Pohrlog, oder ... wie heißt so ein Ding, wie ich bestellt habe?

Tanzmeister. (verdrüßlich) Sie haben Tänze zu einem Prolog mit Musik verlangt. Der
Herr

Herr bringt, wie ich glaube, die Musik, und ich habe hier im Vorsaal alles zur Probe in Bereitschaft. Die Tänzer erwarten nur Ihre Gegenwart.

Schulz. Gut, gut, wir wollen sie sehen. Aber sagen Sie mir einmal aufrichtig, wie gefällt Ihnen mein Anzug? Wohlfeil ist er nicht. Aber unser einer kann doch auch nicht wie der Bürger gehen.

Musikmeister. Der Anzug ist ganz fürstlich.

Tanzmeister. (spöttisch) O, und steht Ihnen auch ganz unvergleichlich!

Schulz. (vergnügt) Meinen Sie? mein Schneider sagt, daß alle vornehme Herren bis Mittag in dem Morgenhabit bleiben. Da muß unser einer doch schon mitmachen. Hören Sie, bleiben Sie nur noch so lange, bis der Schneider meinen neuen Rok bringt. Hören Sie, das wird ganz was prächtiges sein. Kein Graf dürfte sich schämen, ihn bei Hofe anzuziehen.

Musikmeister. Ein Herr, wie Sie, darf auch in der That nichts schlechteres tragen.

Schulz. Friedrich! Heinrich! meine beide Bediente, wo seid Ihr?

Bediente. Was befehlen Sie?

Schulz

Schulz. Nichts. Ihr müßt euch gewöhnen auf den Wink zu passen. A propos! Wie gefällt Ihnen meine Livree?

Tanzmeister. Gewiß eine der elegantesten in der Stadt.

Schulz. Wie wi wi wi.. nannten Sie's, El..ol, sagen Sie's doch noch einmal.

Tanzmeister. Elegant, sagt' ich.

Schulz. Ja ja ja ja. Das ist das neumodsche Wort, das bei den vornehmen Leuten jezt so gäng und gebe ist. Ich muß mirs doch merken. So was ziert die Rede, daß man Wunder denkt, was die Leute gesagt haben! Heinrich!

Bediente. Mein Herr.

Schulz. (zu dem andern Bedienten) Lakei!

Bediente. Mein Herr.

Schulz. Tretet dicht hinter mir, daß Ihr bei der Hand seid, wenn ich Euch was zu befehlen habe. So. Nun, mein Herr Musikant, lassen Sie doch was von Ihrem Machwerk hören.

Musikus. (rollt Musikalien auseinander) Diese erste Arie hat einer meiner Schüler componirt. Ein Mensch, der zum Ausdruk der Liebe geschaffen ist.

Schulz.

Schulz. (empfindlich) Ah der tausend, Herr, das Ding da hätten Sie mir von keinem Schuljungen sollen verpfuschen lassen. Herr, dafür geb' ich Ihnen mein Geld, daß Sie's machen sollen. Wahrhaftig, Herr, zu diesen Dingen hier sind Sie selbst mir kaum gut genug.

Musikus. Das Wort Schüler müssen Sie hier im musikalischen Sinn nehmen. O da weiß oft der Schüler tausendmal mehr, als sein Meister. Bei Leuten von Stande ist man an diese Art sich auszudrükken so gewöhnt, daß mir gleich keine andere einfiel.-

Schulz. Ja ja. Da haben Sie denn vollkommen recht. So fangen Sie nur an. (Zu den Bedienten.) Gebt mir einen Armstuhl, daß ich besser hören kann. ... Doch wart ... Ich denke, ich kann so besser hören. ... Doch nein, gebt nur her. Ich will doch sitzen. Nun mags meinetwegen losgehn.

Der Musikus (will anfangen.)

Schulz. O, noch ein Augenblikchen. Bediente, mein Eau de Lavende und mein Kukglas, daß ich mit einsehen kann.

Bediente [holt ein Riechfläschchen und eine Lorgnette mit zwei Gläsern vom Tisch.]

Schulz. So. Schlimm daß einem die Augen nach den vertrakten Kukgläsern so weh thun. Ich hatte sonst so gute Augen. Jezt sehe ich so rothäugig, wie eine Hexe. Nun denn, wenn's beliebt?

Musikus [singt das Ritornell einer zärtlichen Arie.]

Schulz [ihn unterbrechend.] Halt, halt. Ah der Gukuk, das geht mir ja so todtenhaftig. Können Sie nicht hin und wieder etwas Luftiges darin anbringen? Sie wußten ja doch, daß es zu einem Geburtstag seyn sollte? So ist's aber mit der Schülerarbeit.

Musikus. Ich mußte mich nach dem Text richten. Er ist zärtlich klagend.

Schulz [sich besinnend.] Warten Sie doch. Dra, de, ti, ti, di .. ja, das ist es. Könnten Sie das nicht drin anbringen? Wie heißt es denn nun schon?

Musikus. Das kann ich Ihnen wahrhaftig nicht sagen.

Schulz. Still. Da hab ich's.

[singt mit gellend gemeinem Ton]
Damötas war schon lange Zeit,
Der jungen Phillis nachgegangen.
Doch konnte seine Zärtlichkeit

Nicht

Nicht einen Kuß von ihr erlangen.
Er bat, er gab sich alle Müh,
Umsonst, die Spröde hört ihn nie.

Oder da ist noch eins, das zu meiner Zeit viel Aufsehen machte. "Ergieb dich doch, du diamantnes Felsenherz." Was meinen Sie dazu? ich denke, das würde sich hier vortreflich passen.

Musikus. O ganz vortreflich! Daß mir das auch nicht einfiel!

Tanzmeister [spöttisch.] Und Herr Schulz hat es auch so ganz vortreflich gesungen!

Schulz. Ja. Und Sie mögen mirs nun glauben oder nicht: Ich habe in meinem Leben keine Note gelernt.

Musikus. Da Sie es, ohne zu lernen, schon so weit gebracht haben, würd' ich Ihnen rathen, einen Musikmeister anzunehmen. Sie lernen ja ohnedies tanzen. Beide Künste können gar nicht von einander getrennt werden.

Tanzmeister. Sie geben Ihnen Aufschlüsse über die schwersten Dinge, die im menschlichen Leben nur vorkommen können.

Schulz. Geben sich denn wohl viel Vornehme mit der Musik ab?

Musikus. Ei, mein Herr, wissen Sie das nicht, daß Musik beinahe das Einzige ist, was bei

den

den Vornehmen ernsthaft betrieben wird? das Einzige, was sie durch lauten Beifall aufmuntern? das Einzige, was einiges Verdienst bei Ihnen hat?

Tanzmeister. Ja, das ist gewiß. Tanz und Musik ist die Seele des Adels. O, wenn mancher Herr von Stande so fertig schreiben als chassiren und battiren könnte, so würde der Adel bald zu dem pedantischen Steifsinn der bürgerlichen gelehrten Scribler herunter sinken.

Schulz. Darin haben Sie beide recht. Und kurz und gut: ich will worauf spielen lernen. Nun, daß wir nicht ganz von unsern Kunststükchen abkommen.

Musikus. Wie es Ihnen beliebt. Mein Singspiel wird von Schäfern und Schäferinnen aufgeführt.

Schulz. Schäfer? die sind, denk ich, erstaunlich gemein. Schäfer! alle Welt hat Schäfer. Konnten Sie denn nichts ausdenken, was sich besser für unser Einen schikt?

Musikus. Freilich konnt' ich das. Ich war aber einmal in das Hirtenleben vertieft, weil ich so eben ein Schäferspiel für den Hof componirt habe.

Schulz.

Schulz. Für den Hof? — Nun ja, es ist ja auch recht schön. Ja freilich, Schäfer schikken sich zu allem, und ist auch so hübsch rührend. Nun, so wollen wir in den Vorsaal gehen.

(gehen alle ab.)

[Hier kann füglich ein Tanz von Schäfern angebracht werden, wenn ein Vorhang aufgezogen wird, und den erwähnten Saal mit Tänzern vorstellt, wobei die vorher spielenden Personen Zuschauer abgeben. Nach Endigung eines ländlichen Tanzes fällt der zweite Aufzug ein.]

Ende des ersten Aufzuges.

Zweiter Aufzug.

Erster Auftritt.

Hr. Schulz. Der Musikus. Der Tanzmeister.

Schulz.

Das muß wahr sein, die Leute tummeln sich tüchtig. Ha, das lebt und lacht nur alles so an ihnen! Die Mädchen sind flink wie die Wieselchen.

Musikus. Und lassen Sie noch die volle musikalische Besetzung dazu kommen! Ueberhaupt sollte ein Herr, wie Sie, mehr auf gute Musik verwenden. Ein, zweimal die Woche Konzert in seinem Hause gegeben. Das ist standesmäßig.

Schulz. Gewiß? thun denn das die Vornehmen?

Musikus. O ja! heut zu Tage macht man sich lächerlich, wenn man nicht wenigstens so thut, als ob man mit Leib und Seel für Musik wäre. Konzert bei sich, und in drei oder vier Konzerts abonnirt sein, das ist das wenigste,

was

was man von einem Mann von Stande und Ton fordert.

Schulz. Wahrhaftig? Nun hören Sie, so machen Sie Anstalt zu einem kleinen Quingquiitrium. Es muß aber hübsch nach was rechtem klingen. Pauken und Trompeten. Was meinen Sie zu so einer hübschen hellen Janitscharenmusik? Die ist mein Leben. (Zum Tanzmeister) Daß wir aber nicht eins ins tausendste bringen: Wir müssen noch die Menuet à la Reine zusammen machen. Der Tausend! ich tanze heute mit einer gewissen Dame, und wenn ich da schlecht bestände...

Tanzmeister. [er singt die Menuet à la Reine, nimmt Schulzen bei den Händen und läßt ihn tanzen] La la la la — Mein Himmel, Sie halten ja gar nicht Takt — La la la la la — — Nicht so einwärts, wie eine Wasserhenne — — La la la — Die Schultern zurük! — Himmel! Ihre Arme sind ja wie gelähmt! —

Schulz. Halt, halt! ein Schelm, der einen Schritt weiter geht. Ich schwitze schon wie ein Braten.

Musikus. Das muß wahr sein, Sie tanzen mit einem fürstlichen Anstand!

Schulz.

Schulz. He, he! Ei nun, man ist auch nicht vom Zaune gebrochen. (Zum Tanzmeister) O, ehe ich's vergesse; zeigen Sie mir doch einmal ein Bischen, wie man einer Baronesse ein Kompliment macht.

Tanzmeister. Einer Baronesse?

Schulz. Ja. Einer Baronesse, die Lindenfels heißt. Machen Sie mir's nur vor, ich werd' es Ihnen schon absehen.

[Der Tanzmeister macht drei tiefe Verbeugungen, nach allen Regeln der Kunst. Schulz macht sie ihm sehr ungeschikt nach.]

Musikus. Ich bin kein Schmeichler, aber das muß ich sagen, Sie haben ein Air, wie der erste Hofmann in Versailles.

Zweiter Auftritt.

Die Vorigen. Ein Bedienter.

Bediente.

Der Fechtmeister ist da. Soll er hereinkommen?

Schulz. Ah schön, schön! Er soll nur kommen. — Hören Sie, meine Herren, fechten müssen Sie mich noch sehen. Ich will mich eben nicht

nicht rühmen, aber ich bin ordentlich wie dazu gebohren. So flink, so behende! — —

Dritter Auftritt.

Der Fechtmeister und die Vorigen.
Ein Bedienter. [trägt zwei Rappiere.]

[Der Fechtmeister nimmt dem Bedienten die Rappiere ab, und giebt eins Schulzen.]

Fechtmeister.

Nun Herr, grade gestanden, ein wenig auf die linke Hüfte gestützt. Die Füße in grader Linie. Den Arm nicht so wie abgestorben hingestrekt. Den Blik fest. Nun vorwärts! Eins, zwei, drei. Zurükgesprungen. Eins, zwei, drei. Vorwärts. Achtung, mein Herr, Achtung gegeben!

[indem er ihm ein paar derbe Stöße beibringt.]

Schulz. Ei zum Gukuk, Herr, Sie stoßen einem ja die Rippen im Leibe entzwei.

Musikus. Das muß man gestehen, im Pariren haben Sie Ihres gleichen nicht.

Fechtmeister. Das ganze Geheimniß besteht darin: Zu geben, und nicht zu bekommen. Dazu aber gehört nur eine ganz kleine Wendung mit der Hand, so, oder so —

B   Schulz.

Schulz. Ei, das wäre artig! so kann man also brav sein, wenn man auch nicht für einen Pfennig Herz im Leibe hat?

Fechtmeister. Sehr zuverläßig. Ich hab's Ihnen, denk ich, deutlich genug gemacht. Und so ist denn auch leicht einzusehen, was meine Kunst dem Staate ist, und wie wenig alle die andern läppischen Faselelen, als Musik, Tanzen und dergleichen als Künste Erwähnung verdienen.

Musikus. (heftig) Wer keinen Sinn für die Vortreflichkeit der Musik hat, den heiß ich gradezu einen Bären.

Tanzmeister. Ich würde meine Kunst entweihen, wenn ich sie gegen so ein schwerfälliges Rhinozeros vertheidigte.

Fechtmeister. Wie! kleines Luftmännchen, und du, armer Fiedler, Ihr untersteht Euch? —

Tanzmeister. (trotzig) Ho, ho! Herr Prahler Goliath, man fürchtet sich nicht.

Schulz. (ängstlich) Aber, meine Herren, Sie machen noch, daß ich mich zu Tode ängstige.

Fechtmeister. (will über den Tanzmeister her) Du Naseweiß, du Springer! — und so ein armseliger Fiedler! Was sich die Gekken doch brüsten!

Musikus.

Musikus. Der Herr Raufdegen soll sehen, wen er vor sich hat!

Fechtmeister. Ha! ich habe wohl eher dreißig solche Kerls auf einen Degen gespießt.

Schulz. (die Hände ringend) Ach, ach! wollen Sie denn nicht hören? Will sich denn keiner über mich armen Mann erbarmen!

Vierter Auftritt.

Professor Schmidtesius. Die Vorigen.

Schulz.

Dem Himmel sei Dank, daß Sie kommen, Herr Professor. Stiften Sie doch hier Frieden unter diesen Herren. Hurtig, hurtig, Herr Philosoph.

Schmidtesius. Wie, meine Herren, Sie sind ja ganz erhitzt! Ei, ei! Wissen Sie nicht, was Seneka über den Zorn geschrieben hat, und was unsre neuere Philosophen darüber sagen? Er würdigt den Menschen zum Thier herab. Der Schöpfer gab uns die Vernunft, unsre Handlungen zu leiten ——

Tanzmeister. Wie, Herr Professor, würden Sie's leiden, wenn der Grobian da Ihr ganzes Wissen unnütz und eine Faselei nennte? Sagen Sie: würden Sie es leiden?

Schmidtesius. Ich würde, wenn mir Unrecht geschähe, schweigen und Ihn bedauern, und wenn er mich dann ferner schmähte, würde meine Antwort Mäßigung und Gebuld sein, wie es dem Weisen geziemt.

Musikus. Ein Pedant mag sich hudeln lassen, wenn er Lust hat; der Künstler läßt seine Kunst nicht ungeahndet schmähen.

Schmidtesius. Pedant! Mein Herr, wenn Sie mich damit meinen, so sag ich Ihnen, daß der Pedant Sie alle drei für ausgemachte Narren hält. Was Künste! der Philosoph verachtet sie, und begreift Sie alle drei unter der Benennung: elender Klopffechter, Fiedler und Luftspringer. Was ist Eure gepriesene Musik heut zu Tage? Mechanismus ist sie. Krauses Geklingel. Kein Gedanke fürs Herz. Wenn Eure Sänger Pferdelungen haben, und vorgeschriebene Kadanzen hell herausquitschen, daß es einem alle Nerven durchschneidet, so gerathet Ihr in Extase, und glaubt es zu fühlen. Die alten Meisterwerke modernisirt Ihr, daß sie Eurem üppigen Geschmak besser behagen. Und nun

nun vollendş Eure Kunſt, Herr Entrechat, mit flinken Füßen und frechem Muth —

Tanzmeiſter. Wie! elender Wortklauber, Sie nennen ſich einen Philoſophen, und laſſen ſich von einer ſo unphiloſophiſchen Hitze hinreiſſen?

Schmidteſius. (auſſer ſich) Was Schurke, Schurke! Du unterſtehſt Dich eine ſo naſeweiſe Anmerkung über mich zu machen? Ich will Dich zerſchmettern mit meiner Philoſophie — —

(Er fällt wüthend über alle drei her, und ſie gehen im Tumult ab.)

[Während dieſer Scene geht Schulz angſtvoll auf und ab, und ruft ihnen dann nach:]

Aber, meine Herren, um Gottes willen, meine Herren! — Ich wollte ſie wohl auseinander bringen. Aber daß ich ein Narr wäre, meinen guten Rok preis zu geben. Der Philoſoph kneift ja wie ein Krebs.

Fünfter Auftritt.
Schmidteſius. Schulz.

Schmidteſius.
(indem er ſeinen Anzug wieder in Ordnung bringt)
Wäre es Ihnen nun gefällig, daß wir die Lektion anfangen?

Schulz.

Schulz. Hören Sie, es thut mir wahrhaftig recht leid, daß Sie soviel Püffe abgekriegt haben.

Schmidtesius. O, ich will eine Satire auf die Schurken machen, die mich schon rächen soll. Doch, nichts mehr davon. Was wollen Sie zuerst vornehmen?

Schulz. Ja. Die Wahrheit zu sagen, ich weiß es nicht. Schlagen Sie einmal was vor.

Schmidtesius. Sie werden doch irgend einen Grund zu den Wissenschaften gelegt haben?

Schulz. O was werd' ich nicht! Ich kann lesen, rechnen und schreiben.

Schmidtesius. Ja, wollen wir Logik studiren?

Schulz. Logik? — o ja, herzlich gern.

Schmidtesius. Oder wir fangen bei der Moral an, und nehmen zuerst die Materie von den Leidenschaften vor.

Schulz. Nein, nein! die haben wir leider erst gehabt. Mich deucht, ich fühle einen großen Trieb zur Orthographie.

Schmidtesius. Gut. So wollen wir denn, um die Sache philosophisch zu behandeln, von der genaueen Buchstabenkenntniß anfangen. Erstlich: es giebt fünf Vocales: A, E, J, O, U.

Schulz.

Schulz. A, E, J, O, U. Das hab' ich bald begriffen.

Schmidtesius. Wenn Sie den Mund recht weit öfnen, und dabei einen Laut von sich geben, so entsteht der Buchstabe A —

Schulz. A, A, A. Ja wahrhaftig. Ein leibhaftes A.

Schmidtesius. Nun drükken Sie die untere Kinnlade an die obere heran, so haben Sie E. — A, E.

Schulz. A, E. A, E. Das ist ja eine allerliebst leichte Wissenschaft, die Orthographie. A, E.

Schmidtesius. Schließt man nun die untere Kinnlade noch enger an die obere, so entsteht J. A, E, J.

Schulz. J, J, J. A, E, J — Was es für eine herrliche Sache um die Gelehrsamkeit ist!

Schmidtesius. So bald man die Kinnlade wieder öfnet, hat man den Buchstaben O. Der Mund bildet schon von Natur eine kleine dem O ähnliche Rundung.

Schulz. O, O, O! wahrhaftig, es ist nichts natürlicher.

Schmidtesius. Zuletzt legt man die Zähne übereinander, und streckt die Lippen vorwärts, so ist

das

das U fertig. A, E, J, O, U. Das nennt man die Sache philosophisch traktiren.

Schulz. U — U — ja, ja, Sie haben recht. Das klingt auch schon so recht philosophisch. U— Na vor heute mags nun dabei sein Bewenden haben. Das greift denn bei alle dem doch den Kopf gewaltig an. Ueberdem habe ich Ihnen noch so etwas zu vertrauen. Ich bin in eine hohe Standesperson verliebt, und möchte ihr es gern schreiben. Wie mach ich das? Helfen Sie mir doch ein Billetchen zusammenstümpern. Ich wills Ihr so unvermerkt vor die Füße fallen lassen. Das wird recht galant aussehen.

Schmidtesius. Ganz gewiß. Soll es denn in Versen sein?

Schulz. Ei, bewahre der Himmel! das käme ja so wie ein Neujahrswunsch heraus.

Schmidtesius. Ja, so setzen wir's in Prosa auf.

Schulz. Ach ich dachte gar! Prosa kann ich eben so wenig leiden.

Schmidtesius. In einem von beiden muß es doch aber geschrieben werden.

Schulz. Warum denn?

Schmidtesius. Darum, weil es ausser Versen oder Prosa kein Drittes giebt, sich auszudrükken.

Schulz.

Schulz. Ei das wäre!

Schmidtesius. Ja, mein Herr. Was nicht Prosa ist, sind Verse, und was nicht Verse sind, ist Prosa.

Schulz. Und was wäre denn das, was man immer spricht?

Schmidtesius. Prosa.

Schulz. Was? wenn ich sage, Dorothee bringe sie mir meine Pantoffeln; das wäre Prosa?

Schmidtesius. Nicht anders.

Schulz. Nun, so kann ich sagen, daß ich über vierzig Jahr lang Prosa spreche, ohne daß ich ein Wort davon weiß; und ich muß es Ihnen herzlich danken, daß Sie mir das Verständniß geöfnet haben. Ich wollte denn in dem Billete also sagen: Schönste Baronessin, Ihre schöne Augen machen, daß ich vor Liebe sterbe. Aber es müßte ein Bischen galant gesagt werden — Sie verstehen mich schon.

Schmidtesius. Sagen Sie: Ihr Herz verzehre sich in Glut, bei dem Feuer ihrer Augen; Sie litten Tag und Nacht die Qual eines — —

Schulz. Nein nein nein, das mag ich nicht. Wie ich gesagt habe: Schönste Baronesse,

neffe, Ihre schöne Augen machen, daß ich vor Liebe sterbe.

Schmidtefius. Ja mein Himmel, es muß doch etwas ausgedehnt werden. Das ist ja gar zu kurz.

Schulz. Nein, sage ich Ihnen; ich will weiter nichts in dem Billet haben, als was ich gesagt habe. Nur wünschte ich, daß die Worte hübsch zierlich und neumodisch, wie sichs gehört, gesetzt würden. Ich bitte, sagen Sie mir's doch auf etliche Arten vor.

Schmidtefius. Erstlich, wie Sie gesagt haben: Schönste Baroneffe, Ihre schöne Augen machen, daß ich vor Liebe sterbe. Oder: Daß ich vor Liebe sterbe, schönste Baroneffe, das machen Ihre schöne Augen. Oder aber: Sterben machen mich vor Liebe Ihre schöne Augen, schönste Baroneffe. Oder auch: Mich machen sterben, Ihre schöne Augen, vor Liebe, schönste Baroneffe.

Schulz. Welches ist nun von allen dem die beste Art, es zu sagen?

Schmidtefius. Wie Sie es gesagt haben, das ist ohne Zweifel am besten.

Schulz.

Schulz. Ei das wäre! ich habe gar nicht studiert, und es geräth mir so, gleich auf den ersten Hieb. Nun, ich danke von Herzen. Kommen Sie morgen hübsch bei Zeiten wieder.

Schmidtesius. Ich werd es nicht unterlassen.

Sechster Auftritt.
Hr. Schulz. Ein Bedienter.

Schulz. (zum Bedienten) Was! mein Kleid ist noch nicht da?

Bedienter. Nein, mein Herr.

Schulz. (auf und ab gehend) Der verktakte Schneider läßt mich so in der Angst sitzen. An solchem Tage, wie heute, mich im Stich zu lassen! Daß er's Fieber kriegte, der Esel von Schneider! Ich wollte, daß ihn der Henker holte, den Lümmel von Schneider! Wenn ich itzt gleich den Lumpenkerl von Schneider hätte, ich zerrisse ihn! Der Hund von Schneider! Der Wetterkerl von Schneider! da möchte man ja rasend werden!

Siebenter Auftritt.

Hr. Schulz. Ein Schneidermeister. Ein Lehrbursche [der Hrn. Schulzens Kleid trägt.] Ein Bedienter.

Schulz.

Nun, das ist ja schön, mein lieber Meister, daß Sie eben kommen. Ich wäre bald böse auf Sie geworden.

Schneider. Ich habe nicht eher kommen können; ich habe zwanzig Gesellen an Ihrem Kleide arbeiten lassen.

Schulz. Das Wamms, das Sie mir geschickt haben, ist mir zu eng. Die Ermel sind schon beim Anziehen aufgeplatzt.

Schneider. Es wird noch weit genug werden thun.

Schulz. Ja das glaub' ich, wenn alle Tage Näthe ausplatzen. Die Ermel an der Weste sind mir auch zu eng, sie spannen mich.

Schneider. O ganz und gar nicht.

Schulz. Wie, ganz und gar nicht?

Schneider. Sie thun Ihnen nicht spannen.

Schulz. Ich sage aber, sie spannen mich.

Schneider.

Schneider. Das thun Sie sich nur einbilden.

Schulz. Ich bilde mir's ein, weil ich's fühle. Das wird mir doch wohl nicht abgestritten werden.

Schneider. Da haben Sie das schönste Kleid von der Welt. Ein Graf kann damit bei Hofe erscheinen thun. Es ist ein wahres Meisterstük, daß ich eine Farbe erfinden that, die vornehm steht und doch nicht schwarz ist. Das thue mir mal einer nachmachen.

Schulz. Was ist das! Sie haben die Stikkerei unten herum setzen lassen?

Schneider. Sie thaten mir ja nicht sagen, daß ich sie anders sollte setzen thun.

Schulz. Muß das auch noch erst gesagt werden?

Schneider. O ja, mein Herr. Denn alle Standespersonen thun sie so tragen.

Schulz. Standespersonen liessen ihre Kleider unten herum stikken?

Schneider. O ja, denn vorn thun die Knöpfe es bedekken.

Schulz. Ja wohl, das ist auch wahr.

Schneider. Nein aber, wenn Sie befehlen, will ich sie vorn setzen thun.

Schulz.

Schulz. Nicht doch, nicht doch.

Schneider. Sie dürfen ja nur befehlen, ich will sie gleich abnehmen lassen thun.

Schulz. Nein, nein. Es ist so recht schön. Nun, wie steht mir's denn aber?

Schneider. Wie es Ihnen stehen thut? Wie angegossen, sag ich, wie angegossen.

Schulz. Schikt sich aber meine Perükke dazu?

Schneider. Ei warum denn nicht? Sie sehen aus wie ein junger Liebhaber.

Schulz. (schmunzelnd) He he. Etwas könnte dran sein.

Lehrbursche. Gnädger Herr, bekomm ich ein klein Trinkgeld?

Schulz. Wie nennst du mich?

Lehrbursche. Gnädigster Herr.

Schulz. Das hat man davon, wenn man sich doch ein Bischen ordentlich kleidet. (Giebt ihm Geld) Da, das giebt dir der gnädige Herr, mein Sohn.

Lehrbursche. Ich danke Euer Gnaden.

Schulz. (giebt noch mehr Geld) Da, mein Sohn, da! Euer Gnaden giebt, was der Gnädige ersparen wollte.

Lehrbursche. Wir werden Euer Herrlich；
keit Gesundheit trinken.

Schulz. Wart doch, wart mein Sohn.
Dafür gehört noch was —

Lehrbursche. Ich danke, gnädiger Herr.

Schulz. Gut, daß er aufhört. Er hätte
sonst den ganzen Geldbeutel bekommen.

Ende des zweiten Aufzuges.

Drittter

Dritter Aufzug.

Erster Auftritt.
Hr. Schulz. Zwei Bediente.

Schulz.

Ich will doch ausgehen, und mein Kleid ein wenig in der Stadt zeigen. Das nehme mir keiner übel: heut zu Tage macht das Kleid den Mann. Und nun vollends bei den lieben Damen; da thut ein Bischen Stikkerei und ein paar Ellen Treſſen mehr, als alle Klugheit und Ehrlichkeit aus der ganzen Welt zuſammen.— Bediente! tretet beide dicht hinter mir her, wenn ich auf der Straße gehe. Wo ich heraustrete, müßt Ihr hineintreten. Dafür ſeid Ihr in meinem Lohn und Brod.

Bediente. Ganz wohl.

Schulz. Ruft mir Dorotheen. Ich habe ihr etwas zu befehlen. Bleibt! Sie kommt schon.

Zweiter

Zweiter Auftritt.

Schulz. Dorothee. Zwei Bedienten.

Schulz.

Dorothee!

Dorothee. Was beliebt?

Schulz. Höre doch.

Dorothee. Hi hi hi hi.

Schulz. Nun! was giebts lächerliches?

Dorothee. Hi hi hi hi hi.

Schulz. Was lacht denn die Närrin?

Dorothee. Hi hi hi. Wie Sie aussehen! Hi hi hi.

Schulz. Nun, wie seh' ich denn aus?

Dorothee. Hi hi. Ich muß mich todt lachen.

Schulz. Du wirst eins kriegen, wo Du nicht aufhörst.

Dorothee. Meinetwegen! schlagen Sie mich lieber, wenn ich mich nur recht satt lachen kann. Hi hi hi. Nein, Sie sehen gar zu possierlich aus.

Schulz. Da vergeht einem ja alle Gedult. Du sollst alles rein machen. Die Fenster in der großen Stube müssen poliert werden.

Dorothee. Hi hi hi.

Schulz.

Schulz. Der Saal wird ausgelüftet, und die Tafel hereingeschaft.

Dorothee. Hi hi hi.

Schulz. Ei da wird man ja ganz rasend.

Dorothee. Ich bitte, Herr Schulz, laſſen Sie mich doch lachen. Hi hi hi.

Schulz. Hab ich doch mein Tage noch kein so unverſchämtes Ding geſehen.

Dorothee. Hi hi. Was ſoll ich machen?

Schulz. Rein machen ſoll die Närrin.

Dorothee. Nun, da vergeht mir wohl auf einmal das Lachen. Mit Ihren Gaſtereien! wenn's noch hübſche Leute und Ihres gleichen wären!

Schulz. Wenn's auf ſie ankäme, Mamſell, müßte ich wohl allen Leuten die Thüre weiſen!

Dorothee. Wenigſtens gewiſſen Leuten, die ich nicht nennen mag.

Dritter

Dritter Auftritt.

Madam Schulz. Herr Schulz. Dorothee. Zwei Bedienten.

Madam Schulz.
Ei, Gott verzeih mir's! was ist das wieder für ein Aufzug? Wenn Dich nun die Leute nicht auslachen, lachen sie in ihrem Leben nicht!

Schulz. Einfältige und gemeine Leute mögen meinetwegen lachen und spotten, wie sie wollen.

Madam Schulz. Das brauchen die Leute nicht erst itzt zu thun. Sie haben sich schon längst über Deine alberne Aufführung aufgehalten.

Schulz. Und was wären das für Leute, wenn ich fragen darf?

Madam Schulz. Kluge und vernünftige Leute sind es. Du solltest Dich schämen. Unser Haus ist jetzt wie eine Marktschreier-Bude. Von Morgen bis in die Nacht hört man geigen und singen. Die ganze Nachbarschaft beschwert sich über den ewigen Lärm.

Schulz. Was geht mich der gemeine bürgerliche Pöbel an, mit seinen dummen Reden.

Madam Schulz. Sage mir nur, was Du in Deinen Jahren mit einem Tanzmeister thun willst? Ich denke oft, das Haus wird mir über den Kopf einstürzen, wenn Du Deine Sprünge machst.

Dorothee. Ja, und wenn nun vollends noch der Rammkloß von Fechtmeister dazu kommt.

Schulz. Kein Wort mehr, sag' ich Euch! Ihr sprecht von Sachen, die Ihr beide nicht versteht.

Madam Schulz. Du solltest lieber drauf denken, Deine erwachsene Tochter zu verheirathen.

Schulz. Meine Tochter werd' ich verheirathen, wenn sich eine anständige Partie für sie findet. Erst will ich aber drauf denken, recht viel schöne Sachen zu lernen. Denn daß Ihr's nur wißt, ich will Verstand haben, und gelehrt werden, damit ich, wenn ich unter kluge und vornehme Leute komme, ein vernünftiges Wort mitreden kann.

Madam Schulz. Wollte der Himmel, Du hättest Verstand, Deinem Hauswesen vorzustehen! Mehr braucht ja unser einer nicht.

Schulz.

Schulz. Du sprichst wie eine gemeine Bürgersfrau. Wahrhaftig, ich muß mich Deiner Dummheit schämen. Weißt Du denn, was Du so eben gesagt hast?

Madam Schulz. O ja; daß es sehr gut wäre, wenn Du Deine Lebensart ändertest.

Schulz. Das will ich gar nicht wissen. Ich frage, was die Worte sind, die Du gesagt hast?

Madam Schulz. Vernünftige Worte sinds, Vernünftiger, als Deine Aufführung.

Schulz. Ach, Du verstehst mich nicht. Ich frage, was ist das? was sind die Worte, die ich Dir sage? Nun, was sind sie?

Madam Schulz. Erzdummes Zeug.

Schulz. Prosa ist es, einfältige Frau! Prosa.

Madam Schulz. Prosa wär's?

Schulz. Je nun freilich. Prosa ist's. Was nicht Prosa ist, sind Verse, und was Verse sind, ist nicht Prosa. Siehst du! so eine schöne Sache ist's, wenn man was lernt. (Zu Dortheen) Und Du da, weißt Du denn wohl wie man's machen muß, wenn man U sagen will?

Dorothee. Wie?

Schulz. Ja, was machst Du, wenn Du U sagst?

Dorothee. Wie denn?

Schulz. Nein, zum Spaß sag einmal U, nur um zu sehen.

Dorothee. Nun, U.

Schulz. Was hast Du nun gemacht?

Dorothee. Ich habe U gesagt.

Schulz. Ja, das wohl. Aber was thust Du, wenn Du U sagst?

Dorothee. Ich thue, was Sie mir befohlen haben.

Schulz. Ach! es ist erschreklich, wenn man mit lauter dummen Menschen zu thun hat. Du strekst die Lippen vorwärts, und bringst die untere Kinnlade dicht an die obere heran. U—. Siehst Du? ich mache ein Affenmaul. U— U—.

Madam Schulz. (spöttisch) O das ist ganz vortreflich!

Schulz. Und das ist doch noch gar nichts; wenn Du nun erst O, und A, und J, und E gesehen hättest!

Madam Schulz. Ich bitte Dich um des Himmels willen, lieber Mann! Du wirst Dir mit all dem Mischmasch noch den Kopf verrükken. Du warst sonst so ein guter vernünftiger Mann, seit dem Du Dir's aber in den Kopf gesetzt

setzt hast, mit Adelichen umzugehen, bist Du gar nicht mehr derselbe.

Schulz. Wenn ich mit dem Adel umgehe, so ist das ein Zeichen, daß ich viel Verstand habe; und das ist doch wohl tausendmal gescheuter, als sich unter dem Bürgerpak herum zu treiben.

Madam Schulz. Ja, es ist wahr! Du bist freilich ein ganzer Mann geworden, seit Du mit dem saubern Herrn Baron umgehst.

Schulz. Frau! bedenke, was Du sagst! Ein Herr, der alle Tage mit dem Fürsten so spricht, wie ich jetzt mit Dir! Es bringt mir ja die größte Ehre, daß er bei uns aus- und eingeht. So ein vornehmer Mann nennt mich vor allen Menschen seinen lieben Freund, und geht mit mir um, als wenn ich seines gleichen wäre. Ich bin mannichmal wahrhaftig ganz beschämt.

Madam Schulz. O ja; er hat eine herzliche Freundschaft zu Deinem Geldbeutel, und läßt sich den guten Wein aus Deinem bürgerlichen Keller recht gut schmekken.

Schulz. Nun, gesetzt es wäre auch so, wie Du sagst, wäre mir's nicht allezeit eine große Ehre, einem so vornehmen Herrn Geld zu leihen?

hen? Kann man für eine Standesperson, die einen lieber Freund nennt, weniger thun?

Madam Schulz. Und was thut die Standesperson denn für Dich? Laß doch einmal hören.

Schulz. Mehr als Du wohl denkst. Ich kann Dir das nicht so erklären. Aber soviel kann ich Dir sagen, daß ich ehestens eine große Kreatur sein werde.

Madam Schulz. Ich will nicht hoffen, daß Du solch närrisches Zeug anfangen wirst.

Schulz. Ich denke, Du wirst doch auch nicht böse werden, wenn die Dorothee da Euer Gnaden zu Dir sagen muß. Und was weiß ich's, was der liebe Herr Baron noch für einen Titel für mich anschaffen wird.

Madam Schulz. Ehe ließ ich mich von Dir scheiden, als daß ich mich so lächerlich machen liesse. Glaubst Du nicht, daß Deine hochadelichen Freunde die ersten sind, die sich über Deine Narrheit lustig machen werden? Und dann vollends noch ein gekaufter Titel! Mann, Mann! behalte Dein Geld und Deinen gesunden Menschenverstand, und bleibe doch um des Himmels willen ein stiller guter Bürger!

Der

Der nagelneue Herr Edelmann würde zum allgemeinen Gelächter werden.

Schulz. Still! unleidliche Plappermühle. Da ist mein Freund, der Herr Baron.

Madam Schulz. Vermuthlich braucht er wieder Geld. Wenn ich ihn nur sehe, hab' ich schon genug.

Schulz. Wirst Du schweigen?

Vierter Auftritt.

Baron von Funkenburg. Herr Schulz. Madam Schulz. Dorothee.

Funkenburg.

Ah! mein allerliebster Freund, wie geht's?
(küßt ihn)

Schulz. Unterthäniger gehorsamer Knecht. Zu Dero Befehl.

Funkenburg. Ah sieh da, Madam Schulz! wie befinden Sie sich?

Madam Schulz. (mürrisch) Madam Schulz befindet sich so gut, als sie kann.

Funkenburg. Ei, mein bester Hr. Schulz! da haben Sie ja einen höchst eleganten Anzug! Auf Ehre! superb!

Schulz. He he. Wie Sie sehen.

Funken-

Funkenburg. Je, der steht Ihnen, auf Ehre, ganz unvergleichlich! Wir haben bei Hofe keinen einzigen jungen Herrn, der es mit Ihnen aufnehmen könnte. So ein zierlicher Wuchs! und Beine! auf Ehre, Beine, wie gedrechselt!

Schulz. He he.

Madam Schulz. (vor sich) Der kratzt ihn, wo es ihn juckt.

Funkenburg. Ich bitte, kehren Sie sich einmal um. Ja, auf Ehre, nun sind Sie einer unserer ersten Elegant's. Eine sehr interessante Figur; ich versichere.

Madam Schulz. (vor sich) O ja, von hinten so einfältig, wie von vorn.

Funkenburg. Auf Ehre, ich brannte vor Ungeduld Sie zu sehen, mein allerliebster Herr Schulz. Ich wüßte keinen Mann auf der Welt, den ich so hochschätzte, als Sie, meinen besten Freund. Ich sprach noch heute früh von Ihnen bei dem Fürsten.

Schulz. Sie erzeigen mir gar zu viel Ehre, Herr Baron. (Zu Madam Schulz.) Bei dem Fürsten! Hast Du's gehört?

Funkenburg. Für einen so lieben werthen Freund kann man nicht genug thun. (Umarmt ihn.)

ihn.) [Nach einer kleinen Pause.] Ich bin Ihr Schuldner, wie Sie wissen.

Madam Schulz. (vor sich seufzend) Ja das wissen wir leider! mehr als zu gut.

Funkenburg. Sie haben mir die Freundschaft erzeigt, und mir bei verschiedenen Gelegenheiten Geld vorgeschossen. Diese Güte werd' ich auf Ehre, so lange ich lebe, zu erkennen wissen.

Schulz. Ei, Sie belieben zu scherzen. Das sind wahre Kleinigkeiten.

Funkenburg. Allein ich bin gewohnt wiederzugeben, was man mir geliehen hat. Glauben Sie, ich werde zu meiner Zeit dankbar sein.

Schulz. Daran zweifle ich ganz und gar nicht.

Madam Schulz. (vor sich) Nun, wo will denn der hinaus. Die Angel ist ausgeworfen. Ich wette, er beißt an.

Funkenburg. Ich wünschte mich mit Ihnen auseinander zu setzen, und bin bloß deswegen gekommen, damit wir einmal zusammen rechnen.

Schulz. (leise zu seiner Frau) Was sagt die Frau Strach nun dazu?

Funken-

Funkenburg. Dergleichen mach' ich immer gern so bald als möglich ab.

Schulz. (leise zu seiner Frau) Nun mußt Du Dich noch in die Seele hinein schämen.

Funkenburg. Lassen Sie doch hören, wie viel ich Ihnen schuldig bin. Sie erinnern sich doch noch an alles, was Sie mir geliehen haben?

Schulz. Ich denke ja wohl. Hier habe ich mir eine kleine Nota darüber aufgesetzt. (Blättert in seinem Taschenbuch) Ah ha, hier ist's. Zuerst gab ich Ihnen auf einmal zweihundert Dukaten.

Funkenburg. Das ist richtig.

Schulz. Dann wieder, hundert und zwanzig.

Funkenburg. Ganz richtig.

Schulz. Ein ander mal, hundert und vierzig.

Funkenburg. Gut.

Schulz. Diese drei Posten machen zusammen: vierhundert und sechzig Dukaten.

Funkenburg. Ganz richtig gerechnet. Vierhundert und sechzig Dukaten.

Schulz. Funfzig Dukaten an Ihren Stikker.

Funkenburg. Ja.

Schulz.

Schulz. Achtzig an Ihren Schneider.
Funkenburg. Es ist wahr.

Schulz. Dreihundert an Ihren Sattler, und zweihundert an Ihren Kaufmann.

Funkenburg. Das macht zusammen?

Schulz. Tausend und neunzig Dukaten.

Funkenburg. Und die vierhundert und zehn, die Sie mir noch dazu geben werden, macht runde 1500. Die will ich Ihnen denn nächster Tage zusammen wieder geben.

Madam Schulz. (leise zu ihrem Mann) Nu, wer hat sich nun zu schämen?

Schulz. (ebenfalls leise) Schweig, sag' ich Dir.

Funkenburg. Wenn es Ihnen aber beschwerlich wäre, mir die Summe vorzuschießen..

Schulz. Ei, ich bitte um Verzeihung. Ganz und gar nicht.

Madam Schulze. (leise) Der Herr von Habenichts richtet Dich, so wahr ich lebe!, noch ganz und gar zu Grunde.

Schulz. (leise) Schweig! Ich befehle es Dir.

Funkenburg. Sonst, wenn es Ihnen im
ge-

geringsten beschwerlich fällt, will ich mich an jemand anders wenden.

Schulz. Ei, Herr Baron, Sie werden mich ja nicht vorbeigehen.

Funkenburg. Nein, in der That! Ich weiß jemanden, dem ich einen Gefallen damit thue, wenn ich ihm sein Geld unterbringe. Sie wissen, wie die Procente itzt stehen.

Madam Schulz. (leise) Die Schlange wird den Tropf bis aufs Blut aussaugen.

Funkenburg. Da Sie aber mein bester Freund sind, wollte ich es doch lieber von Ihnen als von sonst jemand nehmen.

Schulz. Es steht ja sogleich zu Befehl.

Funkenburg. Die verwittwete Gräfin Adelsburg hat mir einige Kapitale angeboten.

Schulz. Ich gebe es Ihnen ja mit tausend Freuden. Sie erzeigen mir nur gar zu viel Ehre.

Madam Schulz. (leise) Hast Du denn ganz den Verstand verlohren!

Schulz. (leise) Wie kann ich's denn einem solchen Mann abschlagen? Du hast ja wohl gehört, daß er bei dem Fürsten von mir gesprochen hat.

Madam Schulz. (leise) Du bist ein recht verächtlicher Thor.

Fünfter

Fünfter Auftritt.

Funkenburg. Madam Schulz. Dorothee.

Funkenburg.

Was fehlt Ihnen, meine scharmante Frau? Sie kommen mir ja heute so still vor.

Madam Schulz. Ich bin immer so, wenn ich nicht anders bin.

Funkenburg. Wo ist denn Ihre allerliebste Mamsell Tochter? Ich habe sie ja noch nicht gesehen.

Madam Schulz. Meine Tochter ist da, wo sie sein muß.

Funkenburg. Wie befindet sich denn der Engel?

Madam Schulz. Sie befindet sich da, wo ich's haben will.

Funkenburg. Hätten Sie nicht Lust dieser Tage mit ihr die französische Komödie zu sehen, die bei Hofe aufgeführt werden soll?

Madam Schulz. O ja, wir haben ohnedies große Lust zu lachen. Große Lust zu lachen haben wir.

Funkenburg. Ich stelle mir vor, meine scharmante Frau, daß Sie in Ihrer Jugend viel

An-

Anbeter müssen gehabt haben. Schön und witzig, wie Sie waren!

Madam Schulz. Der Tausend! Ich dächte Madam Schulz wäre noch nicht so gar im alten Register. Hat sie etwa schon graue Haare?

Funkenburg. Ah ich bitte um Verzeihung, meine beste Madam Schulz. Ich dachte auf Ehre nicht daran, daß Sie noch jung sind. Unser einer ist zerstreut. Ich bitte, verzeihen Sie.

Sechster Auftritt.

Die Vorigen. Schulz (kommt wieder.)

Schulz.

Hier werden Sie haben, Herr Baron; richtig gezählt und versiegelt.

Funkenburg. Wüßten Sie doch, allerliebster Freund, wie ganz ich der Ihrige bin! Ich brenne vor Begierde, etwas für Sie bei dem Fürsten auszurichten.

Schulz. Wenn der Herr Baron so einmal Gelegenheit hätten, an mein Affairchen zu denken...

Funkenburg. Von Herzen gern, mein Schatz. Denken Sie nur immer auf ein Wap-
pen:

pen: für den Beinahmen lassen Sie mich sorgen.

Schulz. Ich habe da das Gütchen, wie Sie wissen ...

Funkenburg. Ach ja, Schulzenhausen meynen Sie. Ja, das ginge schon an: Schulz von Schulzenhausen. Nun das hat ja noch Zeit. Wie denn von wegen des Titels? Doch, wenn ich's recht bedenke, dazu rathe ich Ihnen nicht. Es ist heut zu Tage nichts gemeiners, als ein Titel. Der fürstliche Leibschneider hat sich für sein baares Geld zum geheimen Kleider-Rath ernennen lassen.

Schulz. Der Herr Baron werden am besten wissen, was sich für mich schikt. Und ich danke schon im voraus unterthänig.

Funkenburg. Wenn Madam Schulz die Feten bei Hofe sehen will, soll dafür gesorgt werden, daß Sie die besten Plätze bekommt.

Madam Schulz. Madam Schulz ist Ihre gehorsame Dienerin.

Funkenburg. (leise zu Schulzen) Unsre schöne Baronessin wird bald hier sein. Sie will sich Ihre Bewirthung gefallen lassen. Es hat Mühe gekostet, sie so weit zu bringen.

Schulz.

Schulz. Ein wenig weiter zurük, wenn ich bitten darf. Meine Frau möchte uns belauschen.

Funkenburg. Ich habe noch nicht Gelegenheit gehabt, Ihnen wegen des brillantnen Ringes Antwort zu bringen, den ich ihr in Ihrem Nahmen geben sollte; ich versichere auf Ehre, es hat mir erstaunliche Mühe gekostet, ihn ihr aufzubringen. Nur heute erst hat sie sich entschlossen, ihn anzunehmen.

Schulz. Wie gefällt er ihr aber?

Funkenburg. Sie findet ihn wunderschön, wie Sie wohl denken können. Und ich müßte mich sehr irren, wenn ich bei der Gelegenheit nicht gewisse Bemerkungen zu Ihrem Vortheil gemacht hätte.

Schulz. Ei, wenn das wäre, da wüßte ich ja gar nicht, was ich vor Freude machen sollte!

Madam Schulz. (zu Dorotheen) Ob der Hasenfuß denn gar nicht wieder gehen wird?

Funkenburg. O! Sie dürfen beinahe gar nicht zweifeln. Solche Geschenke, wie Sie machen, und dergleichen Feten, als kaum ein Fürst giebt, müssen ihr Herz gerührt haben. Denn dergleichen spricht nachdrüklicher, als die zärtlichste Deklaration d'Amour.

Schulz.

Schulz. Gut und Blut gäbe ich hin für sie. Nein, eine vornehme Dame geht bei mir über alles. Eine solche Ehre kann man nicht theuer genug erkaufen. Wenn der Himmel wollte, daß ich Wittwer würde —

Madam Schulz. (zu Dorotheen) Was können sie sich aber in aller Welt so viel heimliches zu sagen haben? Geh, lausch einmal ein wenig.

Funkenburg. Sorgen Sie nur dafür, daß uns Ihre Frau nicht in den Weg kommt. Koch, Konditor, Musik, Tanz, es ist alles bestellt. Nun besorgen Sie auch Ihrer Seits, daß alles in Bereitschaft sei.

Schulz. (wird gewahr, daß Dorothee lauscht) Hat Sie sonst nichts zu thun, Jungfer Naseweiß? — Wir wollen in den Vorsaal gehen, wenn es gefällig ist.

Siebenter Auftritt.

Madam Schulz. Dorothee.

Dorothee.

Mag er mich doch einen Nasewis, und wer weiß was sonst noch schelten. Ich weiß doch, was ich gehört habe. Glauben Sie mir, Madam,

dam, sie haben etwas vor, wobei Sie ihnen im Wege sind.

Madam Schulz. Ach! meine gute Dorothee, Du sagst mir nichts neues. Ich habe meinen Mann schon längst in Verdacht, daß er mich hintergeht. Daß eine Liebesgeschichte auf dem Tapet ist, habe ich wohl gemerkt; ich kann nur noch nicht dahinter kommen, was es ist. Wenn ich nur das noch erlebte, daß meine Henriette Birkenthalen kriegte. Ich bin dem jungen Mann gut, und hab' auch meinen Kopf auf die Heirath gesetzt.

Dorothee. Ach! wie froh bin ich, wenn da etwas draus wird. Ihnen steht der Herr für Mamsell Jettchen an, und mir der Bediente für. — — hi hi, lachen Sie mich nicht aus, hi hi — für mich.

Madam Schulz. Hat das Närrchen sich auch schon etwas ausgesucht? Geh, hole mir Birkenthalen her. Ich will mit ihm zugleich bei meinem Mann um Henrietten anhalten.

Dorothee. So ein Freudenbothe bin ich gern! (für sich) Wie sich die lieben Leutchen freuen werden!

———

Achter

Achter Auftritt.

Birkenthal, Johann. Dorothee.

Dorothee.
Ei, da sind Sie ja selbst! das ist mir lieb. Nun ich bringe Ihnen doch gewiß eine recht freudige Bothschaft. Madam läßt Sie bitten ———

Birkenthal. Laß mich zufrieden. Ich nehme weder von Deiner Frau, noch von Deiner Mamsell Bothschaften an.

Dorothee. Ei mein Himmel, so hören Sie doch nur ——

Birkenthal. Ich mag nichts hören. Aber das sage der treulosen Henriette, daß ich mich nun nicht länger von ihr werde hintergehen lassen.

Dorothee. Sage mir doch, mein liebster Johann, was ficht Deinem Herrn an? Erkläre mir doch, was das bedeutet?

Johann. Ihr liebster Johann? Sie kann sich meinetwegen nur anderwärts einen liebsten Johann suchen. Mir bleibe Sie damit vom Leibe.

Dorothee. Du spaßest, und Dein Herr auch, das kann nicht anders sein. Ich will's doch

doch wundershalber meiner Mamsell erzählen. O! Ihr sollt uns noch gute Worte genug geben.

Neunter Auftrit.
Birkenthal. Johann.

Birkenthal.
O Henriette, daß auch Du von der Erbsünde deines leichtsinnigen Geschlechts nicht frei sein mußtest! Dein Birkenthal war dir alles, wie du ihm. Du schwurest es. Ein Windbeutel, der nur sich selbst und deine reiche Mitgift liebt, zeigt sich kaum, und dem treuen liebevollen Birkenthal wird mit Kälte — o was sag' ich Kälte! — mit Verachtung begegnet. Wie fremd sie mich ansah! Wie spöttisch kalt sie meinen Gruß erwiederte!

Johann. Es ist entsetzlich, wie man uns begegnet!

Birkenthal. Ich hatte sie in zwei langen, ewig langen Tagen nicht gesehen, und werde durch ihre Gegenwart heute früh überrascht. Sie ging mit ihrer alten Tante. Freudig flog ich ihr entgegen. Mein Blik mußte es ihr sagen, wie werth mir dieser Augenblik war: Sie aber verneigte neigt sich kalt, und wendet sich wieder zu ihrer Tante, als ob ich nicht in der Welt wäre.

Johann. Ging mir's doch eben so mit der bäbischen Dorothee. Ich komme da her gegangen — der Kopf stand mir so nicht recht — ich hatte etwas in der Krone — —

Birkenthal. Kann einem grausamer begegnet werden? nach so vielem bangen Harren der Ungewißheit! nach so vielen verseufzten Tagen und schlaflosen Nächten!

Johann. Wie bin ich dem garstigen Thiere nicht in der Küche zur Hand gegangen? Ich war ja recht ihr Esel, ihr Packträger.

Birkenthal. Nach so vielen Bitten und Thränen, als sie mir gekostet hat!

Johann. Nach so viel Eimern Wasser, als ich ihr in die Küche geschlept habe!

Birkenthal. Eine solche warme Leidenschaft so zu lohnen!

Johann. So viele Hitze, als ich ausgestanden habe, wenn ich ihr den Braten wenden mußte!

Birkenthal. Solche Treulosigkeit verdient die schärfste Ahndung.

Johann. Solche Unverschämtheit muß mit hundert Ohrfeigen bezahlt werden.

Birken-

Birkenthal. Von nun an will ich, sie auf ewig aus meinem Herzen reissen! Ich will sie vergessen, so schön, so unwiderstehlich reizend sie auch ist! Ich kam hieher, ihr ihre Briefe und ihr Bild wiederzugeben. Bringe es ihr, Johann; sage, daß ich sie ganz und gar nicht mehr liebe, daß sie mir itzt schon so gleichgültig ist, wie jedes andre eitle Mädchen — Unterstehe Dich aber nicht, mir ihre Antwort zu sagen: Denn ich schwöre es mir selbst, daß ich nichts mehr von ihr hören, mit keinem Gedanken wieder an sie denken will; daß — —

Zehnter Auftritt.

Madam Schulz. Birkenthal. Johann.

Madam Schulz.
Das ist mir lieb, daß ich Sie hier treffe, mein lieber Birkenthal. Ich hatte so eben nach Ihnen geschikt. Mein Mann kommt, und scheint bei ganz guter Laune zu sein. Wir wollen itzt um Henrietten bei ihm anhalten. Wollen Sie?

Birkenthal. Ob ich will? allerliebste beste Mutter, ich weiß nicht, was ich Ihnen vor
Freude

Freude gleich sagen soll! Ich bin der glüklichste Mann auf Erden!

Johann. (vor sich) Es scheint, als wenn wir nun die Briefe wohl behalten würden. Ein Verliebter ist doch wie ein Wetterhahn; wo der Wind hin weht, husch ist das Köpfchen herum. I nu, Bothenlohn würd' es, denk ich, so nicht viel gegeben haben.

Eilfter Auftritt.
Herr Schulz. Madam Schulz. Birkenthal, Johann.

Birkenthal.
Ich schätze mich sehr glüklich, Sie endlich einmal in Ihrem Hause anzutreffen. Es geschieht dies so selten, da Ihre Geschäfte Sie nöthigen viel ausserhalb zu sein, daß ich Ihnen mein Anliegen kurz und ohne Umschweife vortragen werde. Ich liebe Ihre schöne Tochter, und würde mich für den glüklichsten Mann auf der Welt halten, wenn Sie sie mir zur Gattin geben wollten.

Schulz. Ehe ich Ihnen darauf antworten kann, sagen Sie mir doch: Sind Sie von Adel, mein Herr?

Birken-

Birkenthal. Hundert an meiner Stelle würden sich nicht lange bedenken, und ja sagen. Und wer weiß, wenn mir etwas daran läge es zu sein, ob ich nicht, gleich manchen andern, unter meinen alten bestäubten Papieren so etwas vorfände, das ich, wenn ich's neu aufstutzen und ausstaffieren ließe, der Welt für uralten erneuerten Familienadel aufheften könnte. Man ist heutiges Tages an dergleichen Charlatanerien so gewöhnt, daß man mich gewiß nicht lächerlicher als einen andern finden würde, wenn ich in den allgemeinen Ton stimmte. Aber ich gestehe gern, daß ich über diese Materie vielleicht zu delikat denke. Mein Vater hat durch einen ausgebreiteten Handel viel Vermögen erworben. Ich bin Bankier, und habe es durch viele und glükliche Geschäfte nicht verringert. Erkundigen Sie sich bei Ihren Korrespondenten nach meinen Umständen. Mein Komptoir ist nicht unbekannt. Ich besitze ein wohl eingerichtetes Gut. Aber — ein Edelmann bin ich nicht.

Schulz. Ja, hören Sie, dann kann mit meiner Tochter nichts werden.

Birkenthal. So kurz weisen Sie mich ab?

Schulz. Sie sind nicht von Adel. Ich kann

kann Ihnen meine Tochter nicht geben. Nein, nein, das geht nicht.

Madam Schulz. Was willst Du doch mit Deinem Adel! Wir stammen doch auch wahrhaftig nicht vom Pabst und Kaiser ab.

Schulz. Schweig, Frau! Wenn Du mir schon so kommst, weiß ich, wo Du hinaus willst.

Madam Schulz. Kannst Du anders sagen, als daß wir beide von guten ehrlichen Bürgern abstammen?

Schulz. J na! davon ist ja jetzt die Rede gar nicht.

Madam Schulz. Und war Dein Vater nicht sowohl ein Kaufmann, wie der meinige?

Schulz. Daß Dich doch ... über das Geplappere! War Dein Vater ein Kaufmann, desto schlimmer für ihn, und für Dich. Das sind aber schlecht gesinnte Menschen, oder Leute, die es nicht besser wissen, die meinem Vater seliger so etwas nachsagen. Und kurz und gut von der Sache zu reden: Ich will nun einmal einen adelichen Schwiegersohn haben, und damit gut.

Madam Schulz. Ich dächte, ein hübscher wackrer Mann, wie Herr Birkenthal, schickte sich für Deine Tochter doch wohl tausendmal besser, als so ein Herr von — der Dich obenein auslacht. Mit Deiner adelichen Narrheit! nimm mir's nicht übel; wenn Du noch etwa ein Mann wäreſt, der in einem wichtigen Amte ſtände, oder ſonſt ein berühmter Mann bei der Stadt; da würde es noch heiſſen: Der Mann hat es wohl verdient. Aber ſo, bei der Elle alt und grau geworden! Der Adel iſt doch übermüthig genug! Wenn ich an Deiner Stelle wäre, würde ich es keinem von ihnen einmal merken laſſen, daß ich es für ſo wichtig hielte, auch aber ſich zu ſein.

Schulz. Meine Tochter iſt reich genug für zehn; darum braucht ſie nicht zu heirathen. Ich ſehe bloß auf die Ehre. Und wenn ich ſie an einen Reichsfreiherrn verheirathen kann, wäre ich ja nicht werth, daß mich die Erde trüge, wenn ich ſie an einen Bürgerlichen wegwürfe.

Madam Schulz. Einen Reichsfreiherrn?

Schulz. Ja! an einen Reichsfreiherrn. Da ſoll mich nichts davon abbringen.

Madam Schulz. Ach, über die Hartnäſigkeit! — Doch, wenn ich's recht überlege, habe ich auch ein Wort mitzuſprechen. Und daß Du es nur weißt, ich will keinen Schwiegerſohn, der Henrietten ihre ehrlichen Eltern verwirft. Das wäre mir recht, daß meine adelichen Enkel ſich

ihrer

ihrer bürgerlichen Großmutter schämen sollten. Die Hochmüthigen vom alten Adel werden sie über die Schulter ansehen. Ich seh es ordentlich im Geist, wie sie die Nasen rümpfen, und Jettchen um die Tuchpreise befragen. Und wieder, wenn sie aus Versehen eine bürgerliche alte Bekanntschaft nicht grüßt, wie es dann gleich heissen wird: seht doch die neugebakne gnädige Frau! ihre Großväter haben manche Elle Tuch verkaufen müssen, ehe sie das Geld zusammen scharrten, das die junge Närrin nun verputzt und verfährt. Und kurz und gut, ich will einen Schwiegersohn, der mir für meine Tochter dankt, und zu dem ich sagen kann: Da, Herr Sohn, setzen Sie sich, und essen Sie ein Gericht Pökelfleisch und Erbsen mit uns.

Schulz. Da hört man es. Was zum Bauer gebohren ist, bleibt ein Bauer. Ich verbitte mir Deine Moralien. Meine Tochter wird Frau Baronessin, da hilft kein Liebvaterchen, oder Liebmutterchen. Und wo Du mich aufbringst, so bin ich kapabel und gebe sie einem Fürsten. Diener mein Herr.

———

Zwölfter

Zwölfter Auftritt.
Madam Schulz. Birkenthal. Johann.

Madam Schulz.

Laßen Sie den Muth nicht sinken, Herr Birkenthal. Meine Tochter liebt Sie, trotz den Vorwürfen, die Sie ihr machen ließen. Sie hat Ihren Gruß darum so kalt erwiedert, weil ihre alte Tante dabei war. Als sie zu Hause kam, sagte sie mir's gleich, daß Sie vermuthlich Feuer darüber fangen würden. Itzt ist es nicht Zeit, sich nach den Regeln deshalb zu zanken, und dann zu versöhnen. Henriette soll ihrem Vater erklären, daß sie Sie, oder gar keinen haben will.

Dreizehnter Auftritt.
Birkenthal. Johann.

Johann.

Da sitzen wir nun mit unsrer Delikatesse und unsrer edlen Denkungsart!

Birkenthal. Ich konnte als ein ehrlicher Mann nicht anders sprechen.

Johann. Ja, wenn Herr Schulz ein vernünftiger Mann wäre, da war's schon ganz recht. Aber ich denke, hier war's besser, mit dem Narren närrisch zu sein.

Bir-

Birkenthal. Du hast recht. Aber ich war auf diese Adels-Prüfung gar nicht vorbereitet.

Johann. (lacht.)

Birkenthal. Was lachst Du?

Johann. Bei meinem vorigen Herrn hab' ich schon manches ausführen helfen; denn er war ein Komödiant. Da hab' ich nun so allerlei Schnurren im Kopf. Was gilt's, ich verschaffe Ihnen die Braut. Sie müssen mich aber ganz allein machen lassen. Für den braucht's so gar superfein nicht angelegt zu werden. Verkleidungen verschaffen mir meine alten Kameraden.

Birkenthal. Sage nur Deinen Plan.

Johann. Zu Hause sollen Sie ihn erfahren. Unterweges muß er noch erst reif werden.

Vierzehnter Auftritt.

Hr. Schulz (allein.)

Ach über die dummen Neckereien! Da bin ich nun ganz übelaufgeräumt geworden. Nun werd' ich Kompliment und alles drüber verlernt haben. So ist's, wenn man ein gemeines bürgerliches Weib am Halse hat. Ich wollte meine rechte Hand drum geben, wenn ich ein Fräulein oder eine Komtesse geheirathet hätte! Bald möchte

möchte ich mich scheiden laſſen. Für mein baares Geld kann ich ja alles erlangen.

Funfzehnter Auftritt.
Herr Schulz. Ein Bedienter.

Bediente.
Herr Schulz, da iſt der Herr Baron und eine vornehme Madam. Sollen ſie herein kommen?
Schulz. (auſſer Athem) Ach, mein Gott! Laß ſie herein. Nein! Laß ſie nicht herein. Erſt muß ich ſehen, ob meine Frau und Tochter auch gewiß weg ſind. Sagt nur, ich würde gleich bei ihnen ſein.

Sechszehnter Auftritt.
Baroneſſe v. Lindenfels. Baron v. Funkenburg. Ein Bedienter.

Bediente.
Herr Schulz ſagt: er würde den Augenblik hier ſein.

Funkenburg. Schon gut.
(Bedienter geht ab.)

Fr. v. Lindenfels. Sie haben mich zu einem ſonderbaren Schritt verleitet, Baron. Da bin ich nun in einem fremden Hauſe, worin ich keinen Menſchen kenne.

Funken-

Funkenburg. Schlugen Sie es doch immer aus, meine Gnädige, sich in dem meinigen eine kleine Bewirthung gefallen zu lassen. So bleibt mir ja nichts übrig, als einen dritten Ort zu suchen, wo ich das Glük haben kann, einige Zeit in Ihrer mir unendlich werthen Gesellschaft zuzubringen.

Fr. v. Lindenfels. Aber, bester Funkenburg, ich wollte ja ganz und gar nicht auf den Fuß mit Ihnen stehen? Sie wissen doch, daß ich eine zweite Heirath verabscheue. Und wenn Sie so fortfahren, mich an Ihre — wie nenn ich's gleich — an Ihre Zudringlichkeiten zu gewöhnen, so fürcht' ich in der That — —

Funkenburg. Was fürchten Sie? Was besorgen Sie, meine Unvergleichliche, von Ihrem Funkenburg?

Fr. v. Lindenfels. Je nun; wenn Sie es ihm nicht sogleich wieder sagen wollen: ich fürchte — ich werde mit ihm verheirathet sein, ehe ich's mir versehe.

Funkenburg. Bei Gott! reizendes Weibchen, Sie entzükken mich. Warum wollten wir auch zögern, glüklich zu werden? Hängen wir nicht beide allein von uns selbst ab? Ha, welche bezaubernde Zukunft!

Fr. v. Lindenfels. Nach dieser Erklärung, die mir, wie Sie doch wohl so höflich sein werden, zu glauben, bloß zufällig entwischt ist, muß ich Sie ganz im Ernst bitten, daß Sie meinetwegen keinen so ungeheuern Aufwand mehr machen. Diese Anstalten hier — der prächtige, fürstlich prächtige Ring ——

Funkenburg. Erwähnen Sie doch diese Kleinigkeiten nicht, meine Gnädigste! Die ganze Welt zu Ihren Füßen gelegt, würde das noch nicht ausdrükken, was —— Ah, hier ist der Herr vom Hause.

Siebenzehnter Auftritt.

Hr. Schulz. Fr. v. Lindenfels. Baron Funkenburg.

Schulz. [macht zwei Verbeugungen, und ist nun zu nahe an die Baroneffe heran gekommen.]

Ein wenig weiter zurük, gnädige Frau, wenn ich bitten darf.

Fr. v. Lindenfels. Warum das?

Schulz. Nur einen Schritt, wenn's gefällig wäre: ich kann sonst nicht das dritte Kompliment machen.

Fun-

Funkenburg. Herr Schulz weiß zu leben, gnädige Frau.

Schulz. Gnädige Frau, ich halte es für eine besondere Ehre, daß ich so glüklich bin, so glüklich zu sein, das Glük zu haben — daß Sie die Gnade und die hohe Ehre haben — mir die Ehre zu erweisen, in meinem schlechten Hause — Ihre hohe Gewogenheit — wenn ich so glüklich wäre — und meine geringe Person — so —

Funkenburg. (ihm auf die Schulter klopfend) Die Frau Baronin liebt so viele Komplimente nicht, bester Herr Schulz. Sie weiß, daß Sie ein Mann von ungemein vielem Verstand und feiner Lebensart sind. — (Leise zur Lindenfels.) Es ist ein ehrlicher höchst ridikuler Schlag von Mann, ein altdeutscher Spießbürger, wie Sie aus den Plattitüdes, die er vorbringt, wohl schliessen können.

Fr. v. Lindenfels. (leise zu Funkenburg.) Ich hatte alle Mühe von der Welt, mich bei seiner Anrede des Lachens zu enthalten.

Funkenburg. Euer Gnaden sehen in Herrn Schulz meinen besten Freund vor sich.

Schulz. Ah, unterthänigster Knecht. Sie erzeigen mir viel Ehre.

Funkenburg. Sie werden ihn als einen sehr galanten Mann kennen lernen.

Fr. v. Lindenfels. So soll mir denn seine Bekanntschaft sehr angenehm sein.

Schulz. Euer Gnaden rechnen mir die Kleinigkeit, die ich gethan habe, zu hoch an, wenn Sie mir so viel Gnade erweisen.

Funkenburg. (leise zu Schulz) Ums Himmels willen, erwähnen Sie nicht etwa den Brilliant, den Sie ihr geschenkt haben!

Schulz. (leise) Kann ich nicht wenigstens fragen, wie er ihr gefällt?

Funkenburg. (leise) Um alles in der Welt nicht! Sie müssen gar nicht thun, als wenn er von Ihnen käme. Das wäre ja wider alle gute Lebensart. (laut) Herr Schulz sagt, daß er ganz entzükt ist, Euer Gnaden in seinem Hause zu sehen.

Fr. v. Lindenfels. Er ist sehr gütig.

Schulz. (leise zum Baron) Das ist schön, Herr Baron, daß Sie bei ihr das Wort für mich führen.

Funkenburg. (leise) Sie können mir glauben, daß es mir nicht wenig Ueberredung gekostet hat, sie her zu bringen.

Schulz.

Schulz. (leise) Ich weiß nicht, wie ich's Ihnen verdanken soll!

Funkenburg. (laut) Er sagt, daß er in seinem Leben keine so schöne Dame gesehen habe, als Euer Gnaden sind.

Fr. v. Lindenfels. (lachend) O in der That! er erzeigt mir zu viel Ehre.

Schulz. Einer Dame von Euer Gnaden reizenden, bezaubernden — —

Funkenburg. Ich dächte, wir gingen in den Speisesaal.

Achtzehnter Auftritt.

Ein Bedienter zu den Vorigen.

Bediente.
Es ist angerichtet!

Funkenburg. Ich bitte um Ihre Hand, meine Gnädige.

Ende des dritten Aufzuges.

Vierter Aufzug.

Erster Auftritt.

[Die Scene ist in einer Gartenlaube.]

Fr. v. Lindenfels. Bar. Funkenburg. Schulz. Einige Bediente. (gehen ab und zu, den Kaffee zu serviren.

Fr. v. Lindenfels.

Ich gestehe Ihnen, Funkenburg, daß ich in meinem Leben noch keine prächtigere Mahlzeit gesehen habe.

Schulz. O, Euer Gnaden, das ist wohl nur Ihr höflicher Scherz? Ich hätte es gern noch schöner gehabt, aber die Zeit war zu kurz.

Funkenburg. Herr Schulz hat ganz recht, meine gnädige Frau. Er thut mir einen großen Gefallen damit, daß er mir erlaubt, Sie in seinem Hause zu bewirthen. Ich gestehe gern, daß ich mich auf die Anordnung einer Tafel sehr schlecht verstehe, daher werden Sie denn auch die Unschiklichkeiten, die mir dabei aufgefallen sind, entschuldigen. Und, wie gesagt, Herr Schulz

Schulz hat ganz recht, die Mahlzeit war Ihrer unwürdig.

Fr. v. Lindenfels. Mein guter Appetit hat gezeigt, ob ich Ihrer Meinung bin.

Schulz. Was das für allerliebste Patsch-händchen sind!

Fr. v. Lindenfels. Die Hände sind sehr mittelmäßig, lieber Herr Schulz. Sie wollen aber damit sagen, daß der Brillant am Finger wunderschön ist.

Schulz. Ei, davor behüte mich Gott! das wäre ja wider alle gute Lebensart. Ich weiß wohl besser, was sich schikt: und ich denke, an dem Ring ist eben nicht viel schönes.

Fr. v. Lindenfels. Nun, da müssen Sie sehr ekel sein, das gesteh ich.

Schulz. Zu viel Gnade; zu viel Gnade, wenn — — —

Funkenburg. [Es läßt sich Musik und eine Singestimme vor der Laube hören.]

Hören Sie doch diese Arie, meine Gnädigste. Die Musik nimmt sich hier ziemlich gut aus.

Fr. v. Lindenfels. Ich finde, daß hier durchaus für mein Vergnügen gesorgt ist. Ich liebe die Musik bis zum Entzüffen.

Schulz. Es ist nur Schuldigkeit, daß —

Funkenburg. Hören Sie doch, Hr. Schulz, diese Passage ist göttlich! Es geht doch nichts über italienische Musik!

Schulz. Es ist recht schön, aber ich sehe doch hier etwas, das noch schöner ist.

[Er sieht die Baronesse zärtlich an,]

Fr. v. Lindenfels. Ei, ei! Herr Schulz ist in der That galanter, als ich mir es vorgestellt habe.

Funkenburg. Für was halten Euer Gnaden unsern Hrn. Schulz? Bemerken Sie denn nicht, daß er immer aus der Tasse trinkt, die Ihr Mund berührt hat?

Fr. v. Lindenfels. Herr Schulz entzükt mich ganz.

Schulz. Wenn ich Ihr Herz entzükken könnte, würde ich — —

Zweiter Auftritt.

Die Vorigen alle. Madam Schulz.

Madam Schulz.

Ha ha! finde ich hier solche artige Gesellschaft? Mich hat man denn freilich wohl nicht erwartet. Darum also hatte mein saubrer Herr Liebster so viel Sorge und Angst, daß ich nicht zeitig

genug

genug aus dem Hause kommen würde? Darum also sollte ich den Tag bei meiner Schwester auf dem Lande zubringen? Vorn im Saal ein Bankett, womit man Fürsten und Herren traktiren könnte; unten ein Theater aufgebaut; hier Sang und Klang! So verthust Du das Deine! Das weiß ich aber wohl, wenn ich, wie gewisse Damen wäre, ich würde mir Deine Narrheit nicht so zu Nutzen machen.

[Während dieser Rede schleicht ein Musikus nach dem andern davon.

Funkenburg. Was haben Sie für Erscheinungen, Madam? Wahr ist's freilich, Herr Schulz erlaubt nur, daß ich mich seines Hauses bedienen darf, dieser Dame, einer Dame vom ersten Range, eine kleine Fete zu geben. Künftig bitte ich, daß man nicht so gradezu mit seinem Argwohn herausplatzt.

Schulz. Du unverschämtes Weib du! freilich hab' ich dem Herrn Baron nur mein Haus geliehen, und dafür erlaubt er mir zugegen zu sein.

Madam Schulz. Eitel Raket! Ich weiß doch wohl, was ich weiß. Und daß Sie es nur wissen, ich habe den Braten schon lange gerochen. Aber von Ihnen, Herr Baron, ist es

sehr

sehr schlecht, daß Sie meinem Mann zu seinen Thorheiten behülflich sind. Und Ihnen, Madame, oder gnädige Frau, muß ich nur sagen, daß es gar nicht hübsch ist, Uneinigkeit in andrer Leute Wirthschaft zu stiften; und wenn Sie fein ehrlich sein wollten, so sollten Sie nicht leiden, daß mein Ehemann verliebt in Sie ist.

Fr. v. Lindenfels. Um Gottes willen, wo bin ich hingerathen! Es ist ein wunderlicher Scherz, Funkenburg, daß Sie mich den Beschimpfungen dieser rasenden Frau aussetzen.

Funkenburg. (indem er der Baronessin folgt) Gnädige Frau! Gnädige Frau, bleiben Sie doch!

Schulz. (ganz ausser sich) Gnädige Frau! Herr Baron! entschuldigen Sie mich doch bei der gnädigen Frau. Machen Sie doch, daß Sie wiederkommt. O ich armer, verlaßner, trostloser, zärtlicher Liebhaber.

Dritter Auftritt.

Madam Schulz. Herr Schulz. Bediente.

Schulz.

Du grobe unverschämte Frau Du! Das ist einmal wieder eine von Deinen artigen Histörchen!

Mich

Mich so vor allen Menschen zu beschimpfen, sich so gegen solche vornehme Personen aufzuführen!

Madam Schulz. Ei vornehm hin, vornehm her! Ich weiß gewiß, daß ich recht habe, und jede rechtschaffene Frau wird auf meiner Seite sein. Ein Ehekrüppel, der alle Tage Großvater werden kann, läßt sich in Liebesgeschichten ein.

Schulz. Ach! sei Du nur ganz still, und mach' mir den Kopf nicht vollends warm. (Mad. Schulz geht ab) Recht gut, daß Du fortgehst. Ich weiß nicht, was ich sonst noch gethan hätte.

Vierter Auftritt.

Schulz. (allein)

[Die Bedienten tragen den Kaffeetisch weg.]

Daß sie auch eben kommen mußte! Ich war recht aufgelegt ganz allerliebste Sächelchen zu sagen. In meinem Leben hab' ich nicht so viel Verstand bei mir bemerkt. — Nun! was will der von mir?

Fünfter

Fünfter Auftritt.

Schulz. Johann. (verkleidet)

Johann.

Ich weiß nicht, ob ich die Ehre habe, dem gnädigen Herrn bekannt zu sein?

Schulz. (verwundert) Ganz und gar nicht, mein — Herr, oder — was Sie sonst sind.

Johann. Ich habe Sie gekannt, da Sie nicht größer als so waren.

[indem er mit der Hand eine Spanne hoch über die Erde zeigt.]

Schulz. Mich?

Johann. Ei freilich! Sie waren ein Kind — ein Kind so schön wie ein Engel. Die Prinzessin von — wie heißt sie doch schon? da von Dings da — sie mag sie heissen, wie sie will; ja die pflegte immer zu sagen, sie wären ein rechtes Engelsbild, und die Hofdamen fraßen Sie bald auf.

Schulz. (freudig erstaunt) Nein wahrhaftig, ist das alles wahr?

Johann. Wer kann das besser wissen, als ich. Ich war ja ein Herzensfreund von Ihrem hochseeligen Herrn Vater.

Schulz.

Schulz. So — Ei, ei — Nun so erzählen Sie doch.

Johann. Ja, das war noch ein rechtschaffner Edelmann!

Schulz. O wi wi wie sagten Sie? ich habe nicht recht verstanden.

Johann. Ich meine, daß Ihr Herr Vater ein sehr würdiger Edelmann war.

Schulz. Mein Vater, sagen Sie? und Sie haben ihn wirklich gekannt?

Johann. Ausnehmend gut.

Schulz. Und haben ihn als Edelmann gekannt?

Johann. Wie sonst?

Schulz. Nun, da seh nur einer, was es doch für Menschen giebt! Giebt's nicht boshafte Leute, die mir weiß machen wollen, mein Herr Papa seeliger wäre ein Kaufmann gewesen.

Johann. Das war er nicht; das weiß ich besser. Freilich war er ein sehr gefälliger Herr; und weil er sich so sehr gut auf Tücher verstand, pflegte er allenthalben welche aufzukaufen, und ließ sie dann seinen guten Freunden für Geld und gute Worte wieder ab.

Schulz. Nun, das freut mich doch, daß es noch jemand giebt, der bezeugen kann, daß

ich

ich wirklich von Abel bin. O wollen Sie so gut sein, und es ein wenig unter die Leute bringen? Denn so läßt man das Ding nur ein Bischen neu wieder aufstutzen. Wollen Sie?

Johann. Mit tausend Freuden. Ihnen zu beweisen, wie viel Theil ich noch immer an dem Herrn Sohn meines besten Freundes, Ihres Herrn Vaters, nehme, habe ich gern der erste sein wollen, der Ihnen eine so unerhört gute Nachricht überbrächte.

Schulz. Und was wäre denn das für eine?

Johann. Wissen Sie nicht, daß der Prinz von Momohobbo und Parapomisa hier ist?

Schulz. Nein! ich habe keine Silbe davon gehört.

Johann. Das wundert mich! seine Ankunft hat doch so erstaunliches Aufsehen gemacht. Sie müßten doch wenigstens Leute von seinem großen prächtigen Gefolge gesehen haben?

Schulz. Nein! wahrhaftig keine Seele. Aber, was giebt es denn mit dem, was mich so freuen sollte?

Johann. Erlauben Sie, daß ich Sie zuvor mit der ganzen Lage der Sachen bekannt mache. Nach meiner Bekanntschaft mit Ihrem

hoch-

hochseeligen Herrn Vater, bin ich in der ganzen Welt herumgereiset.

Schulz. In der ganzen Welt? Ei das gesteh ich! J du lieber Gott! Da müssen Sie ja entsetzlich müde seyn. Stühle her Bediente!

Johann. O es ist gar nicht nöthig; ich bin seit vier Tagen hier angekommen, und zwar als Dollmetscher und in dem Gefolge des fremden Prinzen. Ich habe mich eine Zeitlang an seines Herrn Vaters Hof im Hindostanischen aufgehalten. Und der liebe alte Herr bat mich, daß ich seinen Sohn auf seinen Reisen durch Europa begleiten, und ihm zugleich eine deutsche Dame zur Gemahlin aussuchen möchte. Nun aber hat sich der Prinz zum Sterben in Ihre Fräulein Tochter verliebt, und will sie mit Gewalt heirathen. Was meinen Sie dazu?

Schulz. Nein, sagen Sie, ist das Spaß oder Ernst?

Johann. Daß es Ernst ist, werden Sie bald sehen. Denn der Prinz ist mit seinem Gefolge vermuthlich schon unterweges, sich in Person um die schöne Henriette zu bewerben. Doch eine Bedingung ist dabei, die vielleicht machen wird, daß aus der ganzen Sache nichts wird. Ich unterstehe mich kaum sie zu sagen.

Schulz.

Schulz. Nur heraus mit der Sprache. Muß ich etwa auch ein Mohr werden?

Johann. Nein, aber wenn Sie sein Schwiegervater werden sollen, muß er Sie zuvor zum Mamamuschi machen, das ist in seinem Lande die höchste Würde. Man würde sonst an seinem Hofe die Nase rümpfen, und sich bald von Mesalliancen in die Ohren flüstern. Er hat Alles bei sich, was zu dieser Ceremonie gehört.

Schulz. Ist ein Mamamuschki wohl so viel, als hier zu Lande ein Baron?

Johann. O weit mehr noch. Ich sage Mamamuschi ist so viel, als — — als Geheimer-General-Ober-Reichs-Vorschneider Seiner schwarzen Majestät; und also noch zehn, ja hundertmal mehr, als Baron.

Schulz. So? Aber wie hat er sich denn in meine Jette verlieben können? Das Mädchen ist mir ja nicht über die Schwelle gekommen.

Johann. Da hören Sie nur, er sagte zu mir: Acciam croc soler — Denn Sie müssen wissen, ich spreche ganz vollkommen gut momohobbisch — Acciam croc soler gidelum carbalath, das heißt: Hast du nicht die schöne Tochter des braven Edelmanns in jener Straße gesehen?

Schulz.

Schulz. Ei, Sie sprechen ja das Mobschü so gut, als ob es Ihrer Frau Mutter Sprache wäre. Man muß aber sagen, daß es eine recht hübsche Sprache ist.

Johann. Hübscher noch, als Sie glauben. Marababa Sahem, heißt: ach, wie bin ich in sie verliebt!

Schulz. Marababa Sahem, heißt: ach, wie bin ich in sie verliebt? das gesteh ich!

Johann. Kurz, es giebt nichts edleres auf der Welt, als diese Sprache, und wenn Sie so glüklich sind, Mamamuschi zu werden, so haben Sie den Rang über die allervornehmsten Leute hier zu Lande.

Schulz. Ach, Sie machen mir den Mund recht wäßrig! Wenn Seine Hoheit nur erst da wäre, daß ich ihm für so viel hohe Gnade danken könnte.

Johann. Er wird bald hier sein, seine Liebe leidet keinen Aufschub. Er bringt alles mit, was zur Mamamuschi-Ceremonie gehört.

Schulz. Nur eins liegt mir noch im Sinn. Meine Tochter wird uns Sprünge machen. Sie hat sich da mit einem gewissen Birkenthal verplempert, und will gar nicht heirathen, wenn sie den nicht bekommt.

Johann. Ach lassen Sie meinen Prinzen nur kommen, das wird sich alles geben. Doch — still — Ich höre was kommen — ja er ist's, er ist's.

Sechster Auftritt.

Birkenthal. [als ein indischer Prinz verkleidet. Vier Pagen tragen seinen Talar.] Hr. Schulz. Johann.

Birkenthal.

Ambusahim oqui boraf Schulziana Salamelequi.

Johann. (zu Schulz) Er sagt: Ich wünsche Schulz, daß dein Herz wie ein Rosenstrauch blühe. In seinem Lande ist das eine höfliche Art sich auszudrükken.

Schulz. Ich bin Seiner Indostanischen Hoheit unterthäniger Knecht.

Johann. Carigar cambosto oustin moraf.

Birkenthal. Oustin yoc catamelequi basum bose alla morum.

Johann. Er sagt: Der Himmel gebe Dir die Stärke des Löwen, und die Klugheit der Schlange.

Schulz. Seine Hoheit erzeigt mir zu viel Gnade.

Gnade. Ich wünsche ihm dafür alles ersprießliche Wohlergehen.

Birkenthal. Bel men.

Johann. Er sagt: Sie sollen eilig mit ihm kommen, und sich zur Mamamuschi-Ceremonie anschikken, damit er dann hintereinanderweg Ihre Tochter heirathen kann.

Schulz. So viel sagte er mit diesen Paar Worten?

Johann. O Sie kennen die Sprache noch nicht! Man kann in einem Wort Bogenlange Reden halten. Nun, gehen Sie nur mit ihm, ehe es ihm wieder leid wird.

Siebenter Auftritt.

Johann. (allein.)

Ha ha ha ha! das ist bei meiner Treu entsetzlich drollig. Wenn der Narr seine Rolle auswendig gelernt hätte, könnte er sie nicht besser machen.

Achter Auftritt.
Baron Funkenburg. Johann.

Johann.
O Herr Baron, helfen Sie uns doch unser Geschäft hier glüklich zu Stande bringen.

Funkenburg. Ei sieh da, Johann! Auf Ehre, ich hätte Dich nicht gekannt. Du bist ja schmuk, wie ein Hofjunker!

Johann. Ja, man muß doch auch ein wenig mitmachen, daß man bemerkt wird. Ha ha ha —

Funkenburg. Was lachst Du?

Johann. Sie sollten wohl in Ewigkeit nicht errathen, durch was für eine List wir es bei Herrn Schulz dahin bringen, daß er uns seine Tochter zur Frau giebt?

Funkenburg. Ich weiß zwar nicht was ihr vorhabt, aber daß es gelingen wird, glaube ich darum, weil der abgefeimteste aller Tausendkünstler, Johann, die Hände mit im Spiele hat.

Johann. Ah Sie denken gar zu gut von mir. — Ein wenig zurük, wenn ich bitten darf. Sie werden sogleich einen Theil der Geschichte errathen.

Neunter

Neunter Auftrit.

Der Ober-Bramin. Verschiedene junge indische Priester. Ein Gefolge von Indianern.

Sechs Indianer kommen Paar und Paar nach dem langsamen Takt einer Art von Janitscharen-Musik herein. Sie tragen drei Teppiche. Nachdem sie verschiedene Figuren getanzt haben, halten sie die Teppiche hoch. Die Braminen tanzen darunter weg, und stellen sich in Ordnung.

Die Indianer breiten die Teppiche auf die Erde und knieen darauf hin. Der Ober-Bramin und die Priester bleiben stehen, und machen wunderliche Verdrehungen, indeß die knieenden Indier auf ihre Gesichter fallen. Bald hernach gehen zwei Priester ab und holen Hrn. Schulz.

Zehnter Auftritt.

Die Vorigen alle. (tanzend und springend.)

[Hr. Schulz in derselben Tracht wie der Prinz, mit geschornem bloßen Kopf, ohne Federmütze und ohne Säbel.]

Der Bramin. (singend zu Schulzen)
Se ti sabir.
Ti respondir.

F 3   Se non

Se non sabit.
Tazir Tazir.

Mi star brami.
Ti qui star ti
Non intendit
Tazir, Tazir.

[Zwei Braminen führen Schulken auf die Seite.]

Eilfter Auftritt.

Die Braminen und Indier tanzen.

Oberbramin. (singend und tanzend.)
Dice indiana qui star quista.
Anabatista, Anabatista?

Indianer. Joc.
Oberbramin. Jesuita?
Indianer. Joc.
Oberbramin. Lutherana? Calviniana? Puritana?
Indianer. Joc, Joc, Joc.
Oberbramin. Bramina? Mottina? Zurina?
Indianer. Joc, Joc, Joc.
Oberbramin. Joc, Joc, Joc, bramina, bramina?
Indianer. Hi valla, hi valla.

Oberbramin. Com-chamara? Come cha-mara?

Indianer. Schulziana. Schulziana.

Der Oberbramin (wiederholt springend) Schulziana. Schulziana.

Die Indier. Hi valla, hi valla.

Oberbramin. (tanzend) Ha la ba, ba la chu, ba la ba, ba la da.

Die Indier wiederholen das nehmliche.

Zwölfter Auftritt.
Die Vorigen.

Zwei Braminen führen Schulzen zwischen sich. Zwei tragen das Bild der Sonne, und setzen es mit Feierlichkeit hin. Der Oberbramin betet es unter possierlichen Verdrehungen an. Schulz liegt knieend. Der Oberbramin setzt ihm einen hohen abenteuerlichen bunten Federputz auf, und gürtet ihm ein Schwerdt um, dessen Bandelier mit Schellen besetzt ist. Nun tanzen alle nach einer wilden Musik mit kleinen Handpauken und Pfeifen. Nachdem das Ballet geendigt ist, ruft der Oberbramin dreimal:

Hou, hou, hou,

und nun gehen alle paarweise nach einem feierlichen Marsch ab.

Ende des vierten Aufzuges.

Fünfter Aufzug.

Erster Auftritt.

Hr. Schulz, [in seiner indischen Tracht,] Madam Schulz.

Madam Schulz.
Daß sich doch der Himmel erbarm! was bedeutet das? ist's jetzt Zeit sich zu maskiren? Rede, sage doch, wer hat Dich so ausgemustert; wer hat einen solchen Fastnachtsnarren aus Dir gemacht?

Schulz. Hör einmal einer die Unverschämte! Das einem Mamamuschi —

Madam Schulz. Mamamuschi? was willst Du damit sagen?

Schulz. Ich will so viel damit sagen, daß ich Mamamuschi geworden bin.

Madam Schulz. Was ist das für ein Thier?

Schulz. Die Ceremonie ist so eben vorbei. Wärst Du einen Augenblik eher gekommen, so hätteft Du mich zu einem Mamamuschi machen sehen.

Madam

Madam Schulz. Was für eine Ceremonie?

Schulz. Schulziana, Schulziana, baſtonara, baſtonara.

Madam Schulz. Was ſoll das heiſſen?

Schulz. Hu la ba, ba la chu, ba la ba, ba la da.

(er tanzt und fällt zuletzt auf die Erde.)

Madam Schulz. Gott erbarme ſich! mein Mann iſt närriſch geworden. Ich habe aber gedacht, daß es ſelber ſo kommen würde.

Schulz. (rafft ſich auf und geht ab.) Schweig Närrin! Du biſt nun zu klein für meinen Zorn.

Madam Schulz. O Gott! er will ſo, wie er iſt, davon laufen. Geſchwind die Thüre zugemacht.

[indem ſie hinaus will, kommen ihr Funkenburg und die Fr. v. Lindenfels entgegen.]

So ſo! da kommen eben die übrigen von der ſaubern Klicke. Ich mag mich hinwenden, wo ich will, ſo ſehe ich nichts als verdrießliche Dinge.

Zweiter Auftritt.

Funkenburg. Fr. v. Lindenfels.

Fr. v. Lindenfels.
Ich wünsche recht sehr, daß es Birkenthalen glükken möge. Ich schätze den jungen Mann ungemein hoch.

Funkenburg. Willigen Sie zugleich in mein Glük, so feiern wir heute wahrscheinlich eine zweifache Heirath.

Fr. v. Lindenfels. (scherzend) Bloß um zu verhindern, daß Sie sich meinetwegen durch so prächtige Gastgebote zu Grunde richten, will ich Ihre Frau werden. Hören Sie? aber nur bloß deswegen.

Funkenburg. So dank ich Ihrer Sorgfalt, mein Vermögen zu erhalten, das schönste Glük meines Lebens. O schönste Baronesse, ich lege mein Leben und mein Vermögen auf ewig zu Ihren Füßen.

Fr. v. Lindenfels. Ah da ist unser Wirth! Abentheuerlicher hab' ich noch nichts gesehen.

Dritter

Dritter Auftritt.

Die Vorigen. Herr Schulz.

Funkenburg.
Wir kommen, Ihnen zu Ihrer neuen Würde Glük zu wünschen. Ihre Tochter wird eine der glüklichsten Prinzessinnen auf Gottes Erdboden seyn.

Schulz. (feierlich) Herr Baron, ich wünsche Ihnen die Klugheit des Löwen, und die Stärke der Schlange.

Fr. v. Lindenfels. Ich freye mich, daß ich die erste bin, die Sie in Ihrer neuen Würde begrüßt.

Schulz. Und ich freue mich, daß ich so bald eine Gelegenheit habe, Sie wegen der Unverschämtheit meiner Frau um Verzeihung zu bitten.

Fr. v. Lindenfels. Dergleichen Aufwallungen entschuldige ich bei meinem Geschlecht sehr leicht. Ihr Herz muß ihr sehr werth seyn, und ich wundere mich nicht, daß ihr der Besitz eines solchen Mannes, wie Sie sind, Unruhen verursacht.

Schulz. Der Besitz meines Herzens ist ganz Euer Gnaden zugesichert.

Funkenburg. Sie sehen, meine gnädige Frau, daß Herr Schulz nicht zu der Art Leute gehört, die das Glük schwindeln macht, und daß er bei seiner jetzigen Größe seine alten Freunde nicht vergißt.

Fr. v. Lindenfels. Immer ein Beweis einer großen Seele.

Funkenburg. Wo sind denn Ihre Hoheit der Prinz? wir wünschten ihm, als Ihre Freunde, unsre Ehrfurcht zu bezeigen.

Schulz. Da kommt er eben. Ich habe meine Tochter rufen lassen, damit die Heirath heute noch zu Stande kommt.

Vierter Auftritt.

Die Vorigen alle. Birkenthal.
(in seiner Verkleidung.)

Funkenburg. (zu Birkenthal.) Wir sind hier, Eurer Hoheit unsre unterthänige Ehrfurcht zu bezeigen; wir haben die Ehre, sehr gute Freunde Ihres Herrn Schwiegervaters zu seyn.

Schulz. Ei wo stekt denn nun der Dollmetscher, daß er ihm doch sagte, wer Sie sind, und

und was Sie sagen? Sie werden sehen, er spricht ganz perfekt Indostanisch.

He! Herr Dollmetscher. Wo zum Henker ist er nur hingegangen? (Zu Birkenthal.) Straf strif strof straf. Die gnädige Frau ist eina grossa Dama, grossa Dama, und das ist ein Baronus, Baronus. [Da er bemerkt, daß er sich nicht verständlich macht, zeigt er auf Funkenburgen.) Der Herr ist ein deutscher Mamamuschi, und die Dame eine Mamamnscha. Ja, ich kann mich nicht deutlicher fassen. Ah gut! da kommt der Herr Dollmetscher.

Fünfter Auftritt.

Schulz. Frau v. Lindenfels. Funkenburg. Birkenthal und Johann.
[Beide in ihren Verkleidungen.]

Schulz.

Wo bleiben Sie denn? Wir können ohne Sie nichts anfangen. Sagen Sie ihm doch ein wenig, daß diese Dame und der Herr hier vornehme Herrschaften sind, die sich ihm zu Füßen legen. (zu Funkenburg und Fr. v. Lindenfels.) Sie sollen nur hören, wie er Ihnen antworten wird.

Johann.

Johann. Ala bala crociam acci boram alabamen.

Birkenthal. Catalé qui tubal ourin soter amaluchan.

Schulz. (zum Baron und der Baronesse) Sehen Sie?

Johann. Er sagt, er wünscht, daß der Segen der Glükseeligkeit Ihren Hausstand zu allen Zeiten begießen möge.

Schulz. Nun, sagte ich's Ihnen nicht, daß er perfekt Indostanisch spräche?

Funkenburg. Das ist außerordentlich!

Sechster Auftritt.

Die Vorigen alle. Henriette (kommt dazu.)

Schulz.

Komm, meine Tochter. Der fremde Herr erzeigt Dir die Ehre, und will Dich heirathen. Erfreue Deinen Vater, und sage ohne Anstand ja.

Henriette. Allerliebstes Väterchen, wie sehen Sie aus? Sie wollen wohl eine Komödie spielen?

Schulz. Nichts weniger als das, mein Kind. Die Sache ist so ernsthaft und bringt uns
so

so viel Ehre, als wir nur wünschen können. (Auf Birkenthalen zeigend) Das ist der Gemahl, dem ich Dich gebe.

Henriette. Mich, mein Vaterchen? Sie scherzen.

Schulz. Ja. Ich gebe Dich ihm, und ihn Dir. So ist's, mach mir nur nicht so viel Umstände, gieb ihm die Hand, und danke dem Himmel für ein so großes Glük.

Henriette. Das geschieht in Ewigkeit nicht.

Schulz. Jette, sei ein gutes Mädchen. Da! betrübe Deinen Vater nicht, gieb ihm das Patschchen.

Henriette. Nein, mein Vater, keine Gewalt soll mich zwingen, einen andern als Birkenthalen zu nehmen. Ich wollte mich viel lieber dem größten Elende unterwerfen, als — — (sie erkennt ihren Liebhaber) Wahr ist's, Sie sind mein Vater, und ich bin Ihnen gänzlichen Gehorsam schuldig. Ich unterwerfe mich völlig Ihrem Willem.

Schulz. Nun, das heiß ich gut gesprochen. Ich wußte wohl, daß ich eine gehorsame Tochter habe. Ich habe Dich ja endlich auch so erzogen — — Ach da kommt mein Weib. Nun wird wohl der Henker losgehen.

Siebenter und letzter Auftritt.

Madam Schulz. Herr Schulz. Henriette. Dorothee. Baron Funkenburg. Fr. v. Lindenfels. Birkenthal. Johann.

Madam Schulz.

Ich will doch nicht hoffen, daß es wahr ist, daß Du im Ernst Deine Tochter einem herumziehenden Marktschreier-Hanswurst geben willst?

Schulz. Hab ich mir's doch vorgestellt, daß es wieder Lärm mit Dir setzen würde! — Frau! giebt's denn kein Mittel auf Erden, Dich vernünftig zu machen?

Madam Schulz. (ihm spöttisch nachahmend) Mann! giebt's denn kein Mittel auf Erden, Dich vernünftig zu machen? Sage mir nur geschwind, was hier vorgehen soll? Was alle die Fastnachtsanstalten bedeuten?

Schulz. Ich verheirathe unsre Tochter mit dem Prinzen von Momops und Pumpelmisia —

Madam Schulz. Du rasest!

Schulz. Nichts weniger. Da, bitte den Herrn Dollmetscher, daß er ihm Dein unterthäniges Kompliment macht.

Madam

Madam Schulz. O ich brauche gar keinen Dollmetscher, ich will's ihm wohl selbst sagen, daß er sich keine Rechnung auf meine Tochter zu machen hat.

Funkenburg. Ei, Madam Schulz, widersetzen Sie sich doch einer solchen Ehre nicht, als Ihnen damit wiederfährt.

Madam Schulz. Mein Himmel, Herr Baron! ich bekümmere mich ja um Ihre Angelegenheiten nicht.

Fr. v. Lindenfels. Wir wünschten aus Freundschaft für Sie, daß Sie sich nicht widersetzen möchten.

Madam Schulz. Ah ich danke Ihnen für Ihre Freundschaft. Alle Leute haben es aber nicht gern, daß man sich in Ihre Familienangelegenheiten mischt.

Schulz. Ach, was bin ich doch für ein armer geplagter Mann, bei allen meinen hohen Ehrenstellen!

Johann. Madam!

Madam Schulz. Was haben Sie hier mit zu reden?

Johann. (zu Schulzen) Sagen Sie ihr doch, daß Sie mich nur ein Wort mit sich reden läßt, und sie wird sich bald darein geben.

Schulz.

Schulz. Frau, thue mir den Gefallen und höre ihn an.

Madam Schulz. Ich will nicht ein Wort von ihm hören.

Schulz. Sollte denn ein so vornehmer Mann, als ich, sein eignes bürgerliches Weib nicht einmal bändigen können! Ich befehle Dir's, höre ihn an.

Johann. Nur ein Paar Worte laßen Sie sich gefallen.

Madam Schulz. So machen Sie denn geschwind.

Johann (tritt auf die Seite mit ihr, und spricht heimlich.)

Madam Schulz. (halb leise) So! nun denn laß ich mir's gefallen. (laut) Nun, so will ich mir denn diese Heirath gefallen laßen.

Schulz. Dem Himmel sei Dank! nun sind sie ja alle vernünftig. Siehst Du, ich wußte wohl, daß Du keine Umstände machen würdest, wenn Du recht wüßtest, wer er ist.

Madam Schulz. Er hat mir's hinlänglich bedeutet; ich bin mit allem zufrieden, und der Ehekontrakt kann sogleich aufgesetzt werden.

Funkenburg. Sie sind ein allerliebstes Weibchen. Daß Sie aber heute völlig zufrieden

ge=

gestellt werden, und allen Argwohn wider Ihren Eheherrn fahren lassen, so wollen die Frau Baronessin und ich uns derselben Gelegenheit bedienen, unsern Ehekontrakt aufsetzen zu lassen; wir verheirathen uns zugleich mit der schönen Henriette.

Madam Schulz. Dagegen habe ich ebenfalls nichts.

Schulz. (leise zum Baron) Wir machen ihr das nur so weiß, nicht wahr?

Funkenburg. (ebenfalls leise) Man muß ihr so etwas vorreden, um sie zu beruhigen.

Schulz. (leise) Schön, schön. (laut) Der Notarius soll gleich kommen.

Funkenburg. Indeß er die Punkte aufsetzt, könnte, dächt' ich, die veranstaltete Festlichkeit vor sich gehen. Die Masken waren schon mehrentheils in dem Saal beisammen. Wir müssen doch Seiner Hoheit die Zeit zu vertreiben suchen.

Schulz. Recht gesagt. Da wollen wir auch ein Tänzchen machen. Nicht wahr, Ihr Gnaden?

Madam Schulz. Und die arme Dorothee hier, soll die leer ausgehen?

Schulz.

Schulz. Der Dollmetscher mag sie nehmen; ich gebe sie ihm, und meine Frau, wer sie haben will.

Ende des fünften und letzten Aufzuges.

Der hintere Vorhang wird aufgezogen. Ein Maskenball hebt an. Die Indianer, als Gefolge des Prinzen, tanzen ein kleines Ballet. Schulz tanzt ein Menuet mit der Baronesse, dann nimmt er seine Frau zum Großvatertanz. Der Kehraus macht den Beschluß.